国家出版基金项目
NATIONAL PUBLICATION FOUNDATION

中国特色社会主义根本政治制度
人民代表大会制度纪实

总 顾 问 王汉斌
编委会主任 乔晓阳

人大会议制度

陈家刚 蔡金花 隋斌斌 / 著

中国出版集团
中国民主法制出版社
全国百佳图书
出 版 单 位

图书在版编目（CIP）数据

人大会议制度/陈家刚，蔡金花，隋斌斌著．—北京：中国民主法制出版社，2024.4
（中国特色社会主义根本政治制度：人民代表大会制度纪实/杨积堂，吴高盛主编）
ISBN 978-7-5162-3576-8

Ⅰ.①人…　Ⅱ.①陈…　②蔡…　③隋…　Ⅲ.①人民代表大会制—研究—中国　Ⅳ.①D621

中国国家版本馆CIP数据核字（2024）第064823号

图书出品人： 刘海涛
出版统筹： 贾兵伟
责任编辑： 张　霞

书名/人大会议制度
作者/陈家刚　蔡金花　隋斌斌　著

出版·发行/中国民主法制出版社
地址/北京市丰台区右安门外玉林里7号（100069）
电话/（010）63055259（总编室）　83910658　63056573（人大系统发行）
传真/（010）63055259
http：//www.npcpub.com
E-mail：mzfz@npcpub.com
开本/16开　700毫米×1000毫米
印张/14　**字数**/136千字
版本/2024年6月第1版　2024年6月第1次印刷
印刷/三河市宏图印务有限公司

书号/ISBN 978-7-5162-3576-8
定价/52.00元

中国特色社会主义根本政治制度
——人民代表大会制度纪实

出版说明

“乔木亭亭倚盖苍，栉风沐雨自担当。”在第一届全国人民代表大会第一次会议上，毛泽东同志向世人宣告：“我们正在做我们的前人从来没有做过的极其光荣伟大的事业。我们的目的一定要达到。我们的目的一定能够达到。”

从1954到2024年，人民代表大会制度已走过70年。为记录人民代表大会制度发展历程，宣传中国特色社会主义根本政治制度，阐释中国特色社会主义道路自信、制度自信，中国民主法制出版社于2017年策划“中国特色社会主义根本政治制度——人民代表大会制度纪实”项目，计划用1600万字20册图书，对人民代表大会制度在我国的建立发展进行较完整的记录。

历时6年，几易框架，无数次讨论修改，最终收稿3000万字。3000万字分理论和纪实两大部分，详述人民代表大会的制度总论、发展历程、自身建设及立法、重大事项决定、选举任免、监督、代表、会议、对外交往等重要工作。理论部分340余万字，其中自身建设、重大事项和对外交往三个板块根据工作实际和写作安排，理论纪实合为一册，归入理论板块。立法、监督、选举任免、代表工作、会议五个板块的纪实部分共计2600余万字。两大部分通过梳理历届全国人民代表大会会议议程，记录我国根本政治制度的发展历程；通过收录全国人民代表大会及其常务委员会会议作出的决定、批准的重大事项等文件及各专门委员会的文件、报告，为研究中国特色人民代表大会制度整理、保存重要文献，宣传实现我国全过程人民民主的重要制度载体的工作机制。

为保持项目的完整性和对人民代表大会制度记录的客观性，同时适应新时代资料保存查阅的新方式新手段，经多次组织专家讨论、内部研究，项目用20册图书、40个视频、1个数据库将这3000余万字全部收录，将人民代表大会制度70年的历程完整记录、如实呈现。其中人大立法工作纪实、人大监督工作纪实、人大会议工作纪实的具体内容均收入“人民代表大会制度纪实”数据库，目录作为索引以图书形式呈现。

项目实施过程中，从总顾问王汉斌同志、编委会主任乔晓阳同志，到刚入校门的大学生，先后百余人参与其中。从框架搭建、内容研讨、资料收集、板块汇编、归类整理到书稿撰写、初稿审读、编辑加工，我们遇到许多意想不到的困难，好在“众人拾柴火焰高”，各方都投入了极大热情，这些困难也一一得到克服。其间，全国人大图书馆、全国人大有关同志给予了我们雪中送炭般的支持。

人民代表大会制度植根于中国历史文化沃土，蕴含着中华文明丰富的政治智慧和治理经验，体现了天下为公、天下大同的社会理想，九州共贯、多元一体的大一统传统，民惟邦本、本固邦宁的民本思想，德主刑辅、法明令行的法治精神。新的伟大征程上，我们要更加坚定制度自信，不断发展具有强大生命力的全过程人民民主。

2024年是中华人民共和国成立75周年，也是全国人民代表大会成立70周年、地方人大设立常委会45周年，谨以“中国特色社会主义根本政治制度——人民代表大会制度纪实”向祖国献礼！

“六年磨一剑”，其中一定还有许多疏漏和不足，我们希望“中国特色社会主义根本政治制度——人民代表大会制度纪实”项目能为坚持好、完善好、运行好人民代表大会制度尽微薄之力。

2024年6月

总序

习近平总书记指出，人民代表大会制度是坚持党的领导、人民当家作主、依法治国有机统一的根本政治制度安排，是党领导国家政权机关的重要制度载体。100 多年前，中国共产党一经诞生，就把为中国人民谋幸福、为中华民族谋复兴确立为自己的初心和使命，为实现人民当家作主进行了不懈探索和奋斗。在新民主主义革命时期，以毛泽东同志为主要代表的中国共产党人，创造性地提出实行人民代表大会制度的构想。1945 年 4 月，毛泽东同志就说："新民主主义的政权组织，应该采取民主集中制，由各级人民代表大会决定大政方针，选举政府。它是民主的，又是集中的，就是说，在民主基础上的集中，在集中指导下的民主。只有这个制度，才既能表现广泛的民主，使各级人民代表大会有高度的权力；又能集中处理国事，使各级政府能集中地处理被各级人民代表大会所委托的一切事务，并保障人民的一切必要的民主活动。"1954 年 9 月，第一届全国人民代表大会第一次会议召开，通过了《中华人民共和国宪法》，标志着人民代表大会制度这一国家根本政治制度正式建立。

经过 70 年的实践发展，人民代表大会制度更加成熟、更加定型，焕发出蓬勃生机活力。2021 年 10 月 13 日习近平在中央人大工作会议上的讲话中强调："实践证明，人民代表大会制度是符合我国国情和实际、体现社会主义国家性质、保证人民当家作主、保障实现中华民族伟大复兴的好制度，是我们党领导人民在人类政治制度史上的伟大创造，是在我国政治发展史乃至世界政治发展史上具有重大意义的全新政治制度。”

70年来，在中国共产党的领导下，全国人大及其常委会、地方各级人大及其常委会不断探索实践、创新发展，人民代表大会制度的理论体系不断完善，人大工作积累了极其丰富的实践成果。这些理论和实践成果，是进一步坚持好、完善好、运行好人民代表大会制度的重要基石。为了深入贯彻习近平总书记关于坚持和完善人民代表大会制度的重要思想，积极发展全过程人民民主，健全人民当家作主制度体系，继往开来，守正创新，开创人大工作新局面，中国民主法制出版社组织立法机关有关同志、从事人大理论研究的相关学者和人大工作领域的实务专家，对人民代表大会制度的理论和实践进行了全面梳理，形成了“中国特色社会主义根本政治制度——人民代表大会制度纪实”项目，并获得了国家出版基金资助。

项目从人民代表大会制度总论、人民代表大会制度发展历程、人大代表选举制度和人大人事任免制度、人大立法制度、人大代表工作制度、人大讨论决定重大事项制度、人大监督制度、人大会议制度、人大自身建设、人大对外交往工作等十个方面，阐述了“中国特色社会主义根本政治制度——人民代表大会制度”的制度创建、自身建设和发展历程，全面梳理了人大行使立法、监督、决定、选举任免等职权的制度体系，并对人大会议制度、人大代表工作、人大对外交往工作做了详尽汇览。

项目在实施过程中，力图在梳理理论体系的同时，尽量根据现有文献和资料，将人民代表大会制度发展进程中和人大工作全过程各环节相关制度成果加以汇总，为现在和未来的人大工作者、人大理论研究者提供尽可能翔实的人大知识宝库。

这是迄今为止收录内容最为完整的一套人大纪实丛书，为了体现中国特色社会主义根本政治制度的伟力，让更多国人了解和熟悉这一制度的逻辑，每一板块我们都进行了导读设计，从而更有利于读者提纲挈领地加以掌握。

今年是中华人民共和国成立 75 周年，也是全国人民代表大会成立 70 周年。我们谨以“中国特色社会主义根本政治制度——人民代表大会制度纪实”项目，向人民代表大会制度致敬，向祖国献礼。

喬曉陽

2024 年 6 月

目录

导言

第一章　人大会议的组织体系

第一节　全国人民代表大会　/ 009
第二节　全国人大常委会　/ 014
第三节　全国人大专门委员会　/ 018
第四节　全国人大工作机构和办事机构　/ 030
第五节　其他重要会议主体　/ 038

第二章　人大会议议事规则

第一节　人大议事规则概述　/ 047
第二节　人大会议常规性制度　/ 054
第三节　人大议事的程序规则　/ 071

第三章　人大会议运作

第一节　初步发展时期的全国人大会议运作　/ 091
第二节　受挫时期的全国人大会议运作　/ 100

第三节　瘫痪时期的全国人大会议运作　/ 109
第四节　恢复发展时期的全国人大会议运作　/ 112
第五节　新时代的全国人大会议运作　/ 128

第四章　人大会议的政治成果

第一节　立法成果　/ 141
第二节　决策成果　/ 165
第三节　组织人事成果　/ 187

后记　/ 200

丛书后记　/ 201

/ 导　言 /

人大会议是人民代表大会政治行为的展现形式，人大会议制度是人民代表大会制度的重要组成部分。因此，研究人大制度，就必须研究人大会议制度。在人大会议制度研究中，必须要明确的问题是，谁在开会？怎样开会？开会产生了什么样的政治结果？这是本书关注的主要问题。

一、谁在开会？

谁在开会？这是指开会的主体问题。从个体的层面来说，人民代表大会的相关会议开会的主体，主要是人大代表和人大常委会组成人员，但是从组织的层面来说，就是各种形式的人大组织，这些组织一起构成了人大组织体系。从纵向层级的角度来说，可以笼统地称为全国人大会议组织和地方人大会议组织。但事实上，无论是全国人大会议组织，还是地方人大会议组织，都包含非常复杂的组织形式。全国人大会议组织具体可以包括全国人民代表大会、全国人大常委会、全国人大专门委员会、全国人大常委会工作机构、委员长会议、全国人大常委会党组等；地方人大会议组织从层级来说，又可以细分为省人大会议组织、市人大会议组织、县人大会议组织、乡镇人大会议组织等。所以，人大会议组织体系并不能简单地理解为全国人民代表大会、地方各级人民代表大会，也不能简单地认为通过每年一度的“两会”之人大会议就可以观察到人大会议组织全貌，我们还需要更加深入细致地考察，才可以全面透视人大会议究竟有哪些主体在发挥作用，又发挥了哪些作用。

二、依何开会?

依何开会?就是依照什么规则来开会。会议不是随便开的。任何会议的召开都有一定的规则。人大会议尤其如此。这就涉及人大的议事规则问题。狭义的议事规则是指各级人大及其常委会在逐步规范会议制度进程中，依法逐步形成的适合国家权力机关特点的会议制度和议事程序。所以，从会议的角度来看，议事规则不仅决定了谁可以来开会，还决定了怎样开会，会议中每一个角色的权力是怎样的，怎样在会议中发挥作用。

当然，议事规则也是有层次的。从人大议事规则的结构层次来看，我们可以把它划分为根本规则、基本规则和具体规则。我国人大议事规则的根本原则至少包括三项，即人民主权原则、党的领导原则、民主集中制原则。这些原则决定了人大权力的来源，党组织在人大运作中的根本性地位，议事过程中如何决策以及人大自身应该发挥的作用，等等。除了根本原则，人大议事原则还有基本原则和具体原则。基本原则一般通过制度及法律规范来明文规定。如果说人大议事的根本原则和基本原则属于中高位阶的议事规则，那么具体原则则属于中低位阶的议事规则。具体原则体现于人大会议的每一个细节当中，比如会前准备、会议期间的运作以及会议结果的表决方式等。总之，议事规则是人大会议召开的“规矩”，通过它可以明确人大会议的时间、地点、人物、事件、过程与结果。所以，了解人大会议就要了解人大会议的议事规则。通过对议事规则的比较，也可以深刻体会我国人大制度与西方议会制度的本质区别所在。

三、怎样开会？

怎样开会？就是人大会议的开会过程究竟是怎样的。有了会议主体，也有了会议规则，主体依据一定的规则动起来，就会展现为一定的政治行为、政治过程，也就会体现为人大会议的具体政治议程。从最直观的印象来看，大会的议程反映大会的主题、大会的开会方法。一般大会的日程会更加详细地反映会议的具体信息。比如，谁作报告，谁听报告，哪些人参加会议，哪些人列席会议，先讨论什么议题，再讨论什么议题，以什么样的会议形式开会……这些内容都可以反映开会的过程。当然，1954 年一届全国人大以来，在各级人大及其常委会运行过程中，也形成很多新的制度机制，使会议制度不断发展完善。通过这些制度机制，我们可以对会议形成更为稳定的判断与预期。

四、会议结果

开会以后有何结果，就是会议的结果或政治产出。人大不会随意开会，开了会的结果也不是随意的，人大会议总会产生一定的政治结果。从具体内容的角度，可以将人大会议产出的成果分为立法、决策、组织人事等方面。立法成果是人大会议立法活动的政治结果，也就是人大及其常委会立法活动的产出，它表现为一定的法律法规等。决策成果是行使重大事项决定权的政治产出。组织人事成果主要是人大及其常委会行使重大事项决定权、人事任免权或选举权的政治结果。开会的结果，也就是人大会议运作的静态呈现形式。通过人大会议的政治结果，我们可以观察人大运作的状况如何。人大会议的政治结果越丰富，质量越高，表明人大会议的运作状况越良好，人大及人大制度的发展也就越好。

与地方各级人大会议相比，全国人大及其常委会的会议更具有代表性和引导性，因此，本书虽然会涉及地方人大议事制度，但将以全国人大及其常委会的会议作为主要研究对象，以此剖析人大会议制度。

/ 第一章 /

人大会议的组织体系

第一节　全国人民代表大会

全国人民代表大会就是由全国人大代表组成的会议组织形式，是我国的最高权力机关。宪法第五十七条明确规定："中华人民共和国全国人民代表大会是最高国家权力机关。它的常设机关是全国人民代表大会常务委员会。"第五十八条规定："全国人民代表大会和全国人民代表大会常务委员会行使国家立法权。"在全国人大及其常委会的各项职权中，宪法首先规定了立法权而没有与其他权力一并列举，这在一定意义上表明，作为权力机关的全国人大及其常委会首要的职责身份是立法机关。"全国人大立法是中国的国家立法，是中国的中央立法的首要组成部分。它在中国立法体制中，以具有最高性、根本性、完整性和独立性为其显著特征。"[1]

此外，全国人大拥有的权力还包括：修改宪法；监督宪法的实施；制定和修改刑事、民事、国家机构的和其他的基本法律；选举中华人民共和国主席、副主席；根据中华人民共和国主席的提名，决定国务院总理的人选；根据国务院总理的提名，决定国

〔1〕 程湘清主编：《人大常委会主任工作全书》，中国民主法制出版社 2014 年版，第 151 页。

务院副总理、国务委员、各部部长、各委员会主任、审计长、秘书长的人选；选举中央军事委员会主席；根据中央军事委员会主席的提名，决定中央军事委员会其他组成人员的人选；选举国家监察委员会主任；选举最高人民法院院长；选举最高人民检察院检察长；审查和批准国民经济和社会发展计划和计划执行情况的报告；审查和批准国家的预算和预算执行情况的报告；改变或者撤销全国人民代表大会常务委员会不适当的决定；批准省、自治区和直辖市的建置；决定特别行政区的设立及其制度；决定战争和和平的问题；应当由最高国家权力机关行使的其他职权。这些权力总体上可以概括为：立法权、人事任免权（选举权）、监督权和重大事项决定权。那么，这些权力是由谁来行使的呢？

一、全国人大代表及代表结构

毫无疑问，全国人大是由全国人大代表组成的。全国人大的权力也是由全国人大代表集体行使的。那么，是哪些人组成了全国人大代表的整体呢？我们可以从全国人大代表的代表结构来了解一下具体情况。

人大代表的结构包括：党籍结构、性别结构、民族结构、群体结构（阶层或界别）、地区结构等。第一届全国人大代表1226人。其中，共产党员668人，民主党派274人，无党派人士284人，分别占代表总数的54.5%、22.35%、23.16%；妇女代表147人，占代表总数的11.99%；少数民族代表除选举法规定的150人，各省、市还选出27人，共占代表总数的14.44%；工人代表100人，农民代表63人，解放军代表60人，归国华侨代表30人，分别占代表总数的8.16%、5.14%、4.89%、2.45%。

这表明，各党派、各民族、各群体都有其代表。在代表的分配问题上，基本的考虑是广泛的代表性。

第二届全国人大代表数量是 1222 人，第三届突然增加到 3037 人。其中的原因主要是技术层面的，因为第一、二届全国人大时期人民大会堂没有建好，中南海怀仁堂的座位有限。首先，从党籍结构来看，共产党员代表所占全体代表的比例略有起伏，但基本保持稳定，一届全国人大为 54.5%，二届全国人大为 57.75%，三届全国人大为 54.83%。其次，从社会群体结构来看，工人、解放军和归国华侨代表有所下降，分别从 8.16%、4.89% 和 2.45%，下降到 5.75%、3.95% 和 0.98%，而农民代表所占比例有所上升，从 5.14% 上升到 6.87%。[1] 再次，从民族结构来看，少数民族代表所占比重略有下降，从 14.44% 下降到 12.27%。最后，从性别结构来看，女性代表有较大幅度上升，所占比例从 11.99% 提高到 17.82%。这可能与妇女地位的提高有关。此外，从地区结构来看，除个别省市由于区划调整的原因外，基本上都体现出第一届、第二届和第三届代表结构的总体变化趋势。总体来说，这一时期的代表结构呈现出相对稳定的特征。

第三届全国人大代表 3037 人，第四届减少到 2885 人。首先，从党籍结构来看，共产党员代表所占比例大幅上升，三届全国人大为 54.83%，四届全国人大上升到 76.3%。其次，从社会群体结构来看，工人、农民和解放军代表都有较大幅度提高，所占比例分别从 5.75%、6.87%、3.95%，提高到 28.2%、22.9% 和 16.85%。再次，从民族结构来看，少数民族代表所占比重继续下降，从 12.27% 下降到 9.4%。最后，从性别结构来看，女

〔1〕 干部和知识分子这一时期没有统计数据。

性代表所占比例继续上升，从 17.82% 上升到 22.63%。此外，从地区结构来看，除个别情况外，基本上都体现出第三届到第四届代表结构的总体变化趋势。一个明显的变化是解放军代表的比例大幅上升。从第三届的 120 人增加到第四届的 486 人。可见，“文化大革命”对代表结构的冲击是很大的，党籍结构和群体结构（阶层或界别）表现得最为明显，性别结构、民族结构、地区结构也有所反映。

总体来说，第五届全国人大是一个关键节点。第四届全国人大代表 2885 人，第五届大幅增加到 3497 人。从第六届以后，全国人大代表的总数保持稳定，维持在 2980 人左右，第六届是 2978 人，第七届 2970 人，第八届 2978 人，第九届 2979 人，第十届 2984 人，第十一届 2987 人，第十二届也是 2987 人，第十三届为 2980 人。也就是说，六届全国人大以来，人大代表的总数相对固定下来。这体现了中国政治的规范化制度化程度在提高。那么，具体的情况又如何呢？首先，从党籍结构来看，共产党员代表所占比例从第五届开始下降，第六届达到改革开放以后的最低点，随后又呈不断上升趋势。九届全国人大以后，一直保持在 70% 以上。其次，从社会群体结构来看，工人、农民代表所占比例呈逐届下降趋势，第四届合计占 51.1%，第五届下降到 47.3%，第六届降幅最大，直接降到 26.6%，随后几届保持在 20% 左右。第十二届全国人大工农代表比例为 13.42%，第十三届工农代表比例为 15.70%。看起来工农代表比例下降比较大，因为这两届更加强调一线的工人和农民。解放军代表所占比例在第五届降到 14.38%，随后维持在 9% 左右，一直到十二届、十三届全国人大都是如此。干部代表所占比例在第五届全国人大以后就不断攀升，而且幅度很大，九届全国人大以后，都保持在

32%以上。知识分子代表所占比例在第五届显著提升，第六届、七届全国人大达到最高水平，占比为23%以上，八届全国人大以后有所下降，维持在21%左右，十二届、十三届全国人大都是20%多。再次，从民族结构来看，少数民族代表人数从第五届开始回升，随后都保持在14%左右。最后，从性别结构来看，女性代表所占比例相对稳定，第五届全国人大以后到第十一届全国人大就一直保持在21%左右，最近两届才有较大比例的提升，最高达24.9%，这是历史最高水平。

二、全国人大的组织机构

依照“五四宪法”〔1〕，全国人大举行会议的时候，选举主席团主持会议。尽管从表面上看，这只是简单的程序性权力，但是却使得主席团能够控制会议议程、立法程序和官员的提名。〔2〕此外，依据“五四宪法”，全国人大可以设立法案委员会、预算委员会、民族委员会、代表资格审查委员会和其他需要设立的委员会。全国人大或其常委会认为必要的时候，还可以组织对于特定问题的调查委员会。

主席团是开会期间的领导者。人大会议期间，设大会秘书处，为主席团和大会的工作提供服务。它与闭会期间的秘书处是不同的机构。

二届、三届全国人大期间，除了个别人员的调整，开会时大

〔1〕“五四宪法”是1954年全国人大通过的宪法的简称。“七五宪法”“七八宪法”“八二宪法”也是相应年份通过的宪法的简称。

〔2〕［美］詹姆斯·R. 汤森、布兰特利·沃马克：《中国政治》，顾速、董方译，江苏人民出版社2003年版，第71页。

会的组织结构没有发生较大变化。大会主席团仍然是领导机构，秘书处为大会提供服务，专门委员会发挥着专业领域的职能，而各代表团仍然是以选举单位为基础。

四届全国人大只召开了一次会议，就是第四届全国人大第一次会议。受“文化大革命”影响，这次会议没有设立专门委员会。主席团仍然是会议的领导者。大会秘书处继续履行服务的职责。

五届全国人大时期，委员会方面，第五届全国人大第一次会议只设立了代表资格审查委员会，第五届全国人大第二次会议才重新选举产生了民族委员会、法案委员会、预算委员会、代表资格审查委员会及提案审查委员会。根据 1982 年宪法，1983 年第六届全国人大第一次会议设立了民族委员会、法律委员会、财政经济委员会、教育科学文化卫生委员会、外事委员会、华侨委员会等 6 个专门委员会。1988 年 3 月，第七届全国人大第一次会议增设内务司法委员会。1993 年第八届全国人大第一次会议增设环境保护委员会，第八届全国人大二次会议改为环境与资源保护委员会。1998 年 3 月，第九届全国人大第一次会议增设农业与农村委员会。至此，全国人大 9 个专门委员会的格局最终形成。直到 2018 年，十三届全国人大一次会议将法律委员会改为宪法和法律委员会、内务司法委员会改为监察和司法委员会，并增设全国人大社会建设委员会，全国人大专门委员会才达到了 10 个。

第二节　全国人大常委会

全国人民代表大会常务委员会简称“全国人大常委会”，是中华人民共和国最高国家权力机关——全国人民代表大会的常设机关，行使国家立法权。“全国人大常委会作为全国人大的常设机关，在全国人民代表大会闭会期间，可以经常开展工作，及时处理应当由最高国家权力机关处理的问题，以便充分发挥国家权力机关的作用，保证国家机器正常有效地运转。”[1] 这就是对全国人大常委会功能的认定。

一、会议议题

全国人大常委会开会讨论哪些议题呢？这主要取决于全国人大常委会的法定职权。依据宪法，全国人大常委会的主要职权包括：（1）解释宪法，监督宪法的实施；（2）制定和修改除应当由全国人民代表大会制定的法律以外的其他法律；（3）在全国人民代表大会闭会期间，对全国人民代表大会制定的法律进行部分补充和修改，但是不得同该法律的基本原则相抵触；（4）解释法律；（5）在全国人民代表大会闭会期间，审查和批准国民经济和社会发展计划、国家预算在执行过程中所必须作的部分调整方案；（6）监督国务院、中央军事委员会、国家监察委员会、最高人民法院和最高人民检察院的工作；（7）撤销国务院制定的同宪法、法律相抵触的行政法规、决定和命令；（8）撤销省、自治区、直辖市国家权力机关制定的同宪法、法律和行政法规相抵触的地方性法规和决议；（9）在全国人民代表大会闭会期间，根据国务院总理的提名，决定部长、委员会主任、审计长、秘书长的人选；（10）在全国人民代表大会闭会期间，根据中央军事委员

---

〔1〕 程湘清主编：《人大常委会主任工作全书》，中国民主法制出版社 2014 年版，第 151 页。

会主席的提名，决定中央军事委员会其他组成人员的人选；（11）根据国家监察委员会主任的提请，任免国家监察委员会副主任、委员；（12）根据最高人民法院院长的提请，任免最高人民法院副院长、审判员、审判委员会委员和军事法院院长；（13）根据最高人民检察院检察长的提请，任免最高人民检察院副检察长、检察员、检察委员会委员和军事检察院检察长，并且批准省、自治区、直辖市的人民检察院检察长的任免；（14）决定驻外全权代表的任免；（15）决定同外国缔结的条约和重要协定的批准和废除；（16）规定军人和外交人员的衔级制度和其他专门衔级制度；（17）规定和决定授予国家的勋章和荣誉称号；（18）决定特赦；（19）在全国人民代表大会闭会期间，如果遇到国家遭受武装侵犯或者必须履行国际间共同防止侵略的条约的情况，决定战争状态的宣布；（20）决定全国总动员或者局部动员；（21）决定全国或者个别省、自治区、直辖市进入紧急状态；（22）全国人民代表大会授予的其他职权。简单来说，除了第22项权力，1—4项属于立法权，5—8项属于监督权，9—14项属于人事任免权，15—21项属于重大事项决定权。当然，如果细化来看，第16项权力和第17项权力也可以划入立法权范畴。所以，全国人大常委会可以开会讨论以上方面的问题。

二、会议主体构成及其变化

按照宪法和有关法律的规定，全国人大常委会由委员长、副委员长若干人、秘书长以及委员若干人组成。常委会的组成人员由全国人民代表大会从代表中选出。常委会的组成人员不得担任国家行政机关、监察机关、审判机关和检察机关的职务。

自一届全国人大开始，全国人大常委会组成人员的数量变化较大，六届全国人大以后大体上保持稳定。一届和二届全国人大常委会组成人员都是79人；三届全国人大猛增到115人；四届全国人大，又增加到167人；五届全国人大常委会组成人员达到196人，可以说达到了一个顶峰。1983年六届全国人大一次会议到九届全国人大，常委会组成人员人数固定为155人。[1] 十届至十三届全国人大，常委会组成人员保持在175人。总体来说，全国人大常委会组成人员的数量呈现出上升的趋势。

1. 性别构成的变化。一直以来，常委会委员中女性委员明显比男性委员少很多。六届全国人大期间女性委员13人，比例为9.77%；七届全国人大期间女性委员16人，比例为11.85%；八届和九届全国人大期间都是17名女性委员，比例上升为12.69%。[2] 十届全国人大为24人，比例进一步上升到13.71%；十一届为29人，比例达到16.57%；十二届为27人，比例为15.43%，比上一届有所下降；十三届为19人，比例进一步下降到10.86%，接近六届全国人大时期的水平。总体来看，女性委员比例呈上升趋势，但是偶尔也会有例外情况发生。

2. 民族构成的变化。六届全国人大期间有少数民族委员12人，占全部委员的9.02%。七届全国人大期间有15人，占全部委员的11.11%。八届全国人大期间有16人，占全部委员的11.84%。九届全国人大期间有18人，占全部委员的13.43%。此后，十届全国人大常委会少数民族委员有27人，十一届全国

---

〔1〕 尹中卿等编著：《中国人大组织构成和工作制度》，中国民主法制出版社2010年版，第37页。

〔2〕 尹中卿等编著：《中国人大组织构成和工作制度》，中国民主法制出版社2010年版，第43页。

人大期间有 27 人，十二届全国人大期间有 29 人，十三届全国人大期间有 28 人。[1] 从数量上看，总体呈上升趋势，十届全国人大以后保持相对稳定。

第三节　全国人大专门委员会

全国人大专门委员会是全国人大常设的专业性机构，在全国人民代表大会闭会期间，受全国人大常委会领导。专门委员会是国外议会当中普遍实行的一种委员会制度，有“行动中的国会”之称。在国外，议会委员会在立法和监督等方面，发挥着重要作用。在我国，全国人大专门委员会“在研究、审议、拟订法律议案和其他议案，开展执法检查，听取有关部门工作汇报，进行专题调研以及开展外事活动等方面，发挥了重要作用”[2]。具体来说，在人民代表大会开会期间，专门委员会一直处于紧张的工作状态，例如，财政经济委员会、宪法和法律委员会等。各专门委员会根据分工，审议大会与本委员会有关的议案。具体职责是：向大会提出议案；审议主席团交付的议案，提出是否列入会议议程的意见；向大会提供有关列入会议议程的议案材料；审议主席团交付列入会议议程的议案，提出审议报告，由主席团决定是否

〔1〕 尹中卿等编著：《中国人大组织构成和工作制度》，中国民主法制出版社 2010 年版，第 45—46 页；程湘清主编：《人大常委会主任工作全书》，中国民主法制出版社 2014 年版，第 696—700 页。

〔2〕 尹中卿等编著：《中国人大组织构成和工作制度》，中国民主法制出版社 2010 年版，第 74 页；程湘清主编：《人大常委会主任工作全书》，中国民主法制出版社 2014 年版，第 160 页。

交大会表决。

全国人大各专门委员会不同于为全国人大及其常委会服务的办事机构和工作机构，而是协助全国人大及其常委会行使最高国家权力的专业性机构。在全国人大专门委员会的发展历程中，1954 年和 1983 年是两个关键的时间节点。根据 1954 年宪法和全国人大组织法的有关规定，全国人大设立了民族委员会、法案委员会、预算委员会、代表资格审查委员会、提案审查委员会等 5 个委员会。根据 1982 年宪法的规定，1983 年全国人大设立民族委员会、法律委员会、财政经济委员会、教育科学文化卫生委员会、外事委员会、华侨委员会。[1] 其他委员会都在之后的时间里先后设立了。2023 年 3 月 5 日第十四届全国人大第一次会议决定：第十四届全国人大设立 10 个专门委员会，包括：民族委员会、宪法和法律委员会、监察和司法委员会、财政经济委员会、教育科学文化卫生委员会、外事委员会、华侨委员会、环境与资源保护委员会、农业与农村委员会及社会建设委员会。总体上和十三届全国人大保持了一致。

一、民族委员会

民族委员会是全国人大设立的第一个专门委员会，1954 年 9 月 28 日，由第一届全国人民代表大会第一次会议通过，从而正式成立。根据宪法和法律的规定，民族委员会的主要任务是协助全国人大及其常委会开展民族事务方面的立法、监督和调查研究等工作。具体而言，主要包括：（1）审议全国人民代表大会会议

〔1〕 尹中卿等编著：《中国人大组织构成和工作制度》，中国民主法制出版社 2010 年版，第 74—76 页。

主席团或者全国人民代表大会常务委员会交付的议案；（2）向全国人民代表大会会议主席团或者全国人民代表大会常务委员会提出属于全国人民代表大会或者全国人民代表大会常务委员会职权范围内同本委员会有关的议案；（3）审议全国人民代表大会常务委员会交付的被认为同宪法、法律相抵触的有关民族方面的国务院的行政法规、决定和命令，国务院各部、各委员会的命令、指示和规章，省、自治区、直辖市的人民代表大会及其常务委员会的地方性法规和决议，省、自治区、直辖市的人民政府的决定、命令和规章，提出报告；（4）审议全国人民代表大会会议主席团或者全国人民代表大会常务委员会交付的质询案，听取受质询机关对质询案的答复，必要的时候向全国人民代表大会会议主席团或者全国人民代表大会常务委员会提出报告；（5）审议自治区报请全国人民代表大会常务委员会批准的自治区自治条例和单行条例，向全国人民代表大会常务委员会提出报告；（6）承办全国人民代表大会常务委员会对有关法律实施情况的执法检查，协助全国人民代表大会常务委员会做好听取和审议“一府一委两院”专项工作报告、开展专题调研和专题询问的有关工作；（7）承办全国人大常委会办公厅交付办理的代表建议、批评和意见的答复工作，以及重点督办建议的督办和跟踪督办工作；（8）对属于全国人民代表大会或者全国人民代表大会常务委员会职权范围内同本委员会有关的问题，进行调查研究，提出建议；（9）对加强民族团结问题进行调查研究，提出建议；（10）根据全国人民代表大会常务委员会的统一安排，开展外事工作；（11）完成全国人民代表大会及其常务委员会交付的其他工作。因此，民族委员会的工作主要是围绕民族方面的工作提出议案、建议，审议议案，开展调查研究，提出专业报告以及开展外事工作等。总体上都是给全国人大及其常委会围绕民族方面的工作提出专业性的意见建议。

二、宪法和法律委员会

宪法和法律委员会最早起源于1954年成立的全国人大法案委员会，1983年改名为法律委员会，直到2018年，第十三届全国人大第一次会议通过宪法和法律委员会主任委员、副主任委员、委员名单，从而正式宣告宪法和法律委员会成立。

宪法和法律委员会依法承担推动宪法实施、开展宪法解释、推进合宪性审查、加强宪法监督、配合宪法宣传等工作职责。主要包括：（1）统一审议列入全国人大或者全国人大常委会会议议程的法律案；（2）提出全国人大或者全国人大常委会职权范围内同本委员会有关的议案；（3）对于全国人大或者全国人大常委会职权范围内同本委员会有关的问题，进行调查研究，提出建议；（4）向全国人大常委会提出五年立法规划和年度立法计划有关立法项目的建议；（5）检查监督有关法律和有关法律问题决定的实施情况；（6）办理全国人大会议主席团交付的代表议案；（7）审议全国人大常委会交付的被认为同宪法或者法律相抵触的行政法规、地方性法规、自治条例和单行条例等；（8）审议全国人大会议主席团或者全国人大常委会交付的质询案；（9）与外国议会相关专门委员会和法律界进行交流；（10）法律规定的其他职责或者全国人大会议主席团、全国人大常委会、委员长会议交办的其他事项。

三、监察和司法委员会

内务司法委员会是全国人大监察和司法委员会的前身，于

1988年3月根据第七届全国人大第一次会议决定设立的专门委员会。其职责就是在全国人大及其常委会的领导下，研究、审议和拟订有关议案，协助全国人大及其常委会依法开展内务司法方面的监督工作。2018年3月13日，十三届全国人大一次会议决定设立全国人大监察和司法委员会，在原有司法方面职责的基础上，增加了配合深化国家监察体制改革、完善国家监察制度体系、推动实现党内监督和国家机关监督有机统一方面的职责。具体来说，其职责包括：（1）研究、拟订监察和司法方面的法律案等议案，并提请全国人大或者全国人大常委会审议；（2）联系、督促、推动有关单位拟定监察和司法方面的法律案等议案，并向全国人大或者全国人大常委会提出审议意见或者提请审议；（3）协助全国人大常委会对有关法律实施情况进行检查以及听取和审议国务院、国家监察委员会、最高人民法院、最高人民检察院专项工作报告的有关工作；（4）根据全国人大及其常委会工作安排，开展调查研究，提出建议；（5）审查全国人大常委会交付的被认为同宪法、法律相抵触的行政法规、地方性法规和司法解释等，提出意见；（6）承办有关法律配套法规制定的督促工作；（7）办理全国人大代表提出的有关建议、批评和意见；（8）根据全国人大常委会的安排，与外国议会相关委员会开展工作交流等外事活动；（9）办理全国人大及其常委会交付的其他事项。

四、财政经济委员会

预算委员会是全国人大财政经济委员会的前身。早在1954年全国人大预算委员会就成立了，然而当时预算委员会只是大会期间的临时机构，闭会后就不再运作了。1983年，全国人大财政经济委员会成立，在全国人大领导下开展工作；在全国人大闭会期间，受全国人大常委会领导。主要职责是研究、审议和拟订有关议案。具体职责有：（1）审议全国人大会议主席团或者全国人大常委会交付的议案；（2）向全国人大会议主席团或者全国人大常委会提出属于全国人大或者全国人大常委会职权范围内同本委员会有关的议案；（3）审议全国人大常委会交付的被认为同宪法、法律相抵触的国务院的行政法规、决定和命令，国务院各部、各委员会的命令、指示和规章，省、自治区、直辖市的人民政府的决定、命令和规章，提出报告；（4）审议全国人大会议主席团或者全国人大常委会交付的质询案，听取受质询机关对质询案的答复，必要的时候向全国人大会议主席团或者全国人大常委会提出报告；（5）对属于全国人大或者全国人大常委会职权范围内同本委员会有关的问题，进行调查研究，提出建议；（6）协助全国人大常委会行使监督权，对法律和有关法律问题的决议、决定贯彻实施的情况，开展执法检查，进行监督。这些都是全国人大财政经济委员会开会的议题。

五、教育科学文化卫生委员会

教育科学文化卫生委员会是1983年6月通过六届全国人大一次会议决定设立的专门委员会，是全国人大的常设机构，受全国人大领导；在全国人大闭会期间，受全国人大常委会领导。主要职责有：（1）审议全国人民代表大会会议主席团或全国人民代表大会常务委员会交付的有关教科文卫等方面的议案和法律草案、质询案；（2）向全国人民代表大会会议主席团或全国人大常委会提出属于人大职权范围内同教科文卫委员会有关的议案；

（3）参与教科文卫体人口等方面立法工作；（4）在全国人大常委会领导下，依法对教科文卫等方面的法律进行视察与监督；（5）办理全国人民代表大会或全国人大常委会交办的其他有关事项。全国人大教科文卫委员会由主任委员、副主任委员若干人、委员若干人组成。教科文卫委员会主任委员主持委员会的会议和委员会的工作，副主任委员协助主任委员工作。全国人大教科文卫委员会设立办公室、教育室、科技室、文化室、人口卫生室，作为办事机构，承办委员会日常工作。

六、外事委员会

外事委员会是 1983 年 6 月 7 日通过第六届全国人大第一次会议决定设立的。全国人大外事委员会受全国人大领导，在全国人大闭会期间，受全国人大常委会领导。具体职责主要包括：（1）审议全国人大会议主席团或全国人大常委会交付的议案，包括有关涉外法律以及我国同外国签订或废除条约、协定等议案，提出审议报告；（2）向全国人大会议主席团或全国人大常委会提出涉外议案；（3）审议全国人大常委会交付的国务院的涉外行政法规、决定和命令，国务院有关部门的涉外命令、指示和规章，省、自治区、直辖市人大及其常委会的地方性涉外法规和决议，以及省、自治区、直辖市人民政府的涉外决定、命令和规章，提出审议报告；（4）审议全国人大会议主席团或全国人大常委会交付的涉外质询案，听取受质询机关对质询案的答复，提出报告；（5）根据全国人大常委会立法计划，加强同涉外法律起草部门联系，听取有关法律草案起草工作的汇报，进行涉外立法的调查研究，提出建议；（6）听取有关部门关于涉外法律实施情况的汇报，对涉外法律、法规的执行情况进行监督检查，提出报告；（7）与外国议会对口委员会开展交流，参与全国人大与外国议会和地区议会组织间交流机制的相关工作。承担全国人大常委会交办的其他外事工作；（8）以外事委员会名义、外事委员会发言人或其他适当形式，就涉华重大问题对外表态；（9）听取有关部门关于重要问题和国际问题的情况介绍。研究外国议会有关情况，密切跟踪重点国家议会的涉华动向，及时向全国人大常委会反映情况，提出建议；（10）承担全国人大及其常委会交办的其他任务。

七、华侨委员会

1983 年 6 月，第六届全国人大第一次会议决定设立全国人大华侨委员会。全国人大华侨委员会在全国人大及其常委会的领导下，研究、审议和拟订有关议案。具体职责有：（1）审议全国人大会议主席团或者全国人大常委会交付审议的与侨务有关的议案，提出审议结果的报告；（2）向全国人大会议主席团或者全国人大常委会提出属于全国人大或者全国人大常委会职权范围内的与侨务有关的议案或者法律案；（3）向全国人大常委会提出与侨务有关的五年立法规划和年度立法计划的建议，参与审议列入常委会会议议程的法律案；（4）对其他国家机关负责起草的与侨务有关的法律案，提前了解起草情况，并在该法律案提请全国人大常委会审议时，先行组织审议，提出审议报告；（5）审查全国人大常委会交付的被认为与宪法、法律相抵触的与侨务有关的行政法规、地方性法规、自治条例和单行条例以及司法解释等规范性文件，并提出审查结果的报告；（6）审议全国人大会议主席团或者全国人大常委会交付的质询案，听取受质询机关对质询的答复，必要时，向全国人大会议主席团或者全国人大常委会提出报告；(7）调查研究与侨务有关的新情况和重大问题，向有关部门提出建议，根据需要，召开会议听取有关部门开展涉侨工作情况的介绍，提出改进和加强有关工作的意见和建议，必要时，向全国人大常委会提出与侨务有关的执法检查和听取专项工作报告的建议；(8）委员会就职权范围内的问题，可以按专题成立小组，围绕海外侨胞和归侨侨眷反映的重点难点问题进行调研，提出调研报告，必要时，将调研报告提交全国人大常委会和有关涉侨部门；(9）协助全国人大常委会组织与侨务有关的法律实施情况的执法检查，协助全国人大常委会做好听取和审议“一府两院”与侨务有关的专项工作报告的有关工作；(10）对全国人大常委会办事机构交由“一府两院”承办的与侨务有关的重点建议、批评和意见，进行督办；（11）在全国人大会议举行前，参加全国人大有关专门委员会召开的听取国务院有关主管部门就国民经济和社会发展计划及计划执行情况、国家预算及预算执行情况的主要内容的汇报会议，提出意见；（12）接待、办理海外侨胞和归侨侨眷的来访、来信；(13）开展与本委员会有关的外事活动；(14）联系全国人大归侨代表和地方人大侨务部门；（15）完成全国人大及其常委会、委员长会议交办的其他任务。

八、环境与资源保护委员会

1993 年 3 月，第八届全国人大第一次会议决定设立全国人大环境保护委员会。1994 年 3 月，第八届全国人大第二次会议决定更名为全国人大环境与资源保护委员会。主要工作任务有三个方面：一是防治环境污染立法与监督工作；二是生态环境保护立法与监督工作；三是自然资源保护立法与监督工作。具体来说，其职责有：（1）审议全国人大会议主席团或者全国人大常委会交付的有关环境和资源保护方面的议案和其他有关议案；（2）向全国人大会议主席团或者全国人大常委会提出属于全国人大或全国人大常委会职权范围内同环境和资源保护方面有关的议案；（3）根据全国人大常委会的立法计划和规划，拟订和组织起草环境和资源保护方面的法律草案和有关议案草案，审议全国人大会议主席团或者全国人大常委会交付的由国务院有关部门起草的环境和资源保护方面的法律草案，提出审议报告；（4）审议全国人大常委会交付的被认为同宪法、法律相抵触的国务院有关环境和资源保护方面的行政法规、决定和命令，国务院各部、各委员会有关环境和资源保护方面的命令、指示和规章，省、自治区、直辖市人大及其常委会有关环境和资源保护方面的地方性法规和决议，以及省、自治区、直辖市人民政府有关环境和资源保护方面的决定、命令和规章，提出审议报告；（5）审议全国人大会议主席团或者全国人大常委会交付的有关环境和资源保护方面的质询案，听取受质询机关对质询案的答复，必要时向全国人大会议主席团或者全国人大常委会提出审议报告；（6）审议全国人大常委会交付的国家社会经济发展规划和计划中有关环境和资源保护方面的方针、政策和内容，审议全国人大常委会交付的对环境和资源保护有重要影响的国家重大开发建设项目，提出审议报告；（7）协助全国人大常委会，对环境和资源保护方面法律的实施和国务院环境和资源保护方面的工作进行监督；（8）对属于全国人大或者全国人大常委会职权范围内同环境与资源保护委员会有关的问题，进行调查研究，提出建议；（9）根据全国人大常委会开展议会外交的工作方针和统一安排，加强与国外议会和有关国际组织在环境和资源保护方面的交往与合作，增进了解和友谊；（10）完成全国人大及其常委会交付的其他有关工作。

九、农业与农村委员会

1998 年 3 月，第九届全国人大第一次会议决定设立全国人大农业与农村委员会。全国人大农业与农村委员会受全国人大领导；在全国人大闭会期间，受全国人大常委会领导，研究、审议和拟订有关议案。具体职责有：（1）审议全国人大会议主席团或者全国人大常委会交付的议案；（2）向全国人大会议主席团或者全国人大常委会提出属于全国人大或者全国人大常委会职权范围内同本委员会有关的议案；（3）审议全国人大常委会交付的被认为同宪法、法律相抵触的国务院的行政法规、决定和命令，国务院各部、各委员会的命令、指示和规章，省、自治区、直辖市人大及其常委会的地方性法规和决定、决议，省、自治区、直辖市的人民政府的决定、命令和规章，提出报告；（4）审议全国人大会议主席团或者全国人大常委会交付的质询案，听取受质询机关对质询案的答复，必要时向全国人大会议主席团或者全国人大常委会提出报告；（5）对属于全国人大或者全国人大常委会职权范围内同本委员会有关的问题，进行调查研究，提出建议，协助全国人大常委会行使监督权，对法律和有关法律问题的决议、决定贯彻实施的情况，开展执法检查，进行监督。

十、社会建设委员会

社会建设委员会是近 20 年来全国人大首个新设的专门委员

会，是根据党中央“五位一体”总体布局中的“社会建设”命名的委员会。2018 年 3 月，中共中央印发《深化党和国家机构改革方案》，提出，为适应统筹推进“五位一体”总体布局需要，加强社会建设，创新社会管理，更好保障和改善民生，推进社会领域法律制度建设，整合全国人大内务司法委员会、财政经济委员会、教育科学文化卫生委员会的相关职责，组建全国人大社会建设委员会，作为全国人大专门委员会。2018 年 3 月 13 日，十三届全国人大一次会议作出《关于设立第十三届全国人民代表大会专门委员会的决定》，增设全国人大社会建设委员会。主要职责是：(1) 审议全国人大会议主席团或者全国人大常委会交付的劳动就业、社会保障、民政事务、群团组织、安全生产等方面的有关议案、法律草案；(2) 向全国人大或者全国人大常委会拟订提出属于他们职权范围内同本委员会有关的议案、法律草案；(3) 审议全国人大常委会交付的被认为同宪法、法律相抵触的国务院的行政法规、决定和命令，国务院各部门的命令、指示和规章，省、自治区、直辖市人大及其常委会的地方性法规和决定、决议，以及省、自治区、直辖市的政府的决定、命令和规章，提出报告；(4) 审议全国人大会议主席团或者全国人大常委会交付的质询案，听取受质询机关的答复，必要时，向全国人大会议主席团或者全国人大常委会提出报告；(5) 对属于全国人大或者全国人大常委会职权范围内同本委员会有关的问题，进行调查研究，提出建议；(6) 开展同本委员会有关的执法检查等。

第四节　全国人大工作机构和办事机构

无论是全国人大，还是全国人大常委会，甚至是全国人大专门委员会的运转，都需要一定的力量支持。这些力量就是“全国人大常委会、全国人大专门委员会设立的工作机构和办事机构”〔1〕，主要有代表资格审查委员会、法制工作委员会、预算工作委员会、香港特别行政区基本法委员会、澳门特别行政区基本法委员会、全国人大常委会办公厅，以及全国人大各专门委员会下设的办事机构等。这些机构以服务为宗旨，具体来说，即“为本级人大会议、常委会会议、委员长会议或者主任会议服务；为专门委员会的工作服务；为本级人大的代表和常委会组成人员依法行使职权服务”〔2〕。

一、代表资格审查委员会

全国人大常委会代表资格审查委员会，是专门负责代表资格审查及其相关工作的常设机构。事实上，这有一个发展的过程。一开始代表资格审查委员会只是大会开会期间的临时性机构。

全国人大代表资格审查委员会最早是在一届全国人大时期设

〔1〕 尹中卿等编著：《中国人大组织构成和工作制度》，中国民主法制出版社2010年版，第107页。

〔2〕 程湘清主编：《人大常委会主任工作全书》，中国民主法制出版社2014年版，第162页。

立的。根据1954年全国人大组织法的规定，第一届全国人大设立代表资格审查委员会。此后，在每届全国人大一次会议举行的时候，都会设立代表资格审查委员会。除了第四届全国人大因“文化大革命”特殊时期的原因未设，第一届、二届、三届、五届全国人大，都设立了代表资格审查委员会，对代表或补选代表的资格进行审查，并向大会提出报告。

直到1982年这种情况才发生了变化。1982年12月通过的全国人大组织法第二十六条规定，全国人大常委会设立代表资格审查委员会。根据这一规定，自1983年3月开始，此后的历届全国人大常委会都专门设立代表资格审查委员会。这时的代表资格审查委员会由临时性机构变为常设机构，由专门委员会变为工作机构，由全国人大领导变为全国人大常委会领导。因此，一般来说，全国人大常委会代表资格审查委员会的每届任期也与全国人大常委会的每届任期相同，其行使职权到下届全国人大选出新的常委会为止。

代表资格审查委员会开会的主题毫无疑问是审查代表资格。根据法律规定，代表资格审查委员会依法对当选代表是否符合宪法、法律规定的代表的基本条件，选举是否符合法律规定的程序，以及是否存在破坏选举和其他当选无效的违法行为进行审查，提出代表当选是否有效的意见，向全国人大常委会报告。另外，代表资格审查委员会还负责代表资格终止等情况的审查。根据代表法第四十八条的规定，全国人大代表有下列情形之一的，即因刑事案件被羁押正在受侦查、起诉、审判的；被依法判处管制、拘役或者有期徒刑而没有附加剥夺政治权利，正在服刑的，暂时停止执行代表职务，由代表资格审查委员会向全国人大常委会报告。上述所列情形在代表任期内消失后，恢复其执行代表职务，但代表资格终止者除外。根据代表法第四十九条、第五十条的规定，全国人大代表有下列情形之一的，即代表辞职被接受的；未经批准两次不出席本级人大会议的；被罢免的；丧失中国国籍的；依照法律被剥夺政治权利的；丧失行为能力的，其代表资格终止，由代表资格审查委员会报全国人大常委会，由全国人大常委会予以公告。

二、法制工作委员会

为了健全社会主义民主和加强社会主义法制的需要，1979 年 2 月，第五届全国人大常委会第六次会议决定设立全国人大常委会法制委员会。1983 年 6 月，第六届全国人大第一次会议通过决议，成立全国人大法律委员会，作为一个专门委员会。9 月，第六届全国人大常委会第二次会议通过决议，法制委员会改为法制工作委员会（以下简称法工委）。法工委是全国人大常委会的立法工作机构，下设办公室、宪法室、立法规划室、刑法室、民法室、经济法室、国家法室、行政法室、社会法室、法规备案审查室、研究室，并设机关党委、机关纪委。

全国人大常委会法工委的主要职责是开展有关法律案的起草、修改、研究及审议服务工作，全面承担常委会立法工作的规划、组织、协调、指导和服务职能，对报送备案的行政法规、地方性法规和司法解释进行合法性审查，承办宪法实施监督具体工作，为全国人大及其常委会行使国家立法权提供服务保障、当好参谋助手。具体来说：（1）受委员长会议委托，拟订有关法律方面的议案草案；（2）承担推动宪法实施、开展宪法解释、推进合宪性审查、加强宪法监督、配合宪法宣传等方面的具体工作；

（3）负责制定本届全国人大常委会立法规划和年度立法计划工作；（4）为全国人大和全国人大常委会审议法律草案服务，对提请全国人大和全国人大常委会审议的有关法律草案进行调查研究，征求意见，提供相关资料，提出修改建议稿，在法律草案交付表决前，负责法律用语的规范和文字方面的工作；（5）对各省、自治区、直辖市人大常委会及中央和国家机关有关部门提出的有关法律方面问题的询问进行研究予以答复，同时报人大常委会备案；（6）研究、处理并答复全国人大代表提出的有关立法工作的建议、批评和意见以及全国政协委员的有关提案；（7）开展法规、司法解释的备案审查工作；（8）进行与人大工作有关的法学理论、法制史和比较法学的研究；（9）负责法工委发言人办公室日常工作，开展法制宣传、人权理论研究等工作；（10）负责汇编、译审法律文献的有关工作；（11）负责法律信息数据的开发、维护和管理工作；（12）负责法工委党建和纪检工作；（13）办理全国人大常委会领导交办的其他事项。

三、预算工作委员会

预算工作委员会的前身是预算委员会，其发展历程和全国人大常委会法工委的发展历程相似。第一届、二届、三届全国人大时期，全国人大都设置了预算委员会，作为会议期间的临时工作机构。第四届全国人大没有设立预算委员会。五届全国人大时期也没有设立。六届全国人大设立财政经济委员会作为专门委员会，下设计划预算室作为其办事机构，是全国人大常委会的工作机构。这种格局在七届全国人大和八届全国人大时期得以保持，直到第九届全国人大才成立了预算工作委员会，作为全国人大常委会的常设工作机构，这种格局才发生了变化。1998 年 12 月，新成立的预算工作委员会内设预决算审查室、法制室、研究室，办公室和全国人大财政经济委员会的办公室是一个机构。当前，预算工作委员会内设办公室、预决算审查室、法案室、调研室 4 个局级机构。

预算工作委员会主要职责是：（1）协助全国人大财政经济委员会承担全国人大及其常委会审查预决算、审查预算调整方案和监督预算执行方面的具体工作；（2）受委员长会议委托，承担有关法律草案的起草工作，协助财政经济委员会承担有关法律草案审议方面的具体工作；（3）承办常委会、委员长会议交办的以及财政经济委员会需要协助办理的其他有关财政预算的具体事项；（4）经委员长会议专项同意，要求政府有关部门和单位提供预算情况，并获取相关信息资料及说明；（5）经委员长会议专项批准，对各部门、各预算单位或重大建设项目的预算资金和专项资金的使用进行调查，政府有关部门和单位应积极协助、配合。

四、香港特别行政区基本法委员会

香港特别行政区基本法委员会（以下简称香港基本法委员会），是全国人大常委会下设的工作委员会。香港基本法委员会下设办公室、研究室。根据《中华人民共和国香港特别行政区基本法》和全国人民代表大会关于设立全国人大常委会香港基本法委员会的决定，香港基本法委员会的职责是：就有关香港特别行政区基本法第十七条、第十八条、第一百五十八条、第一百五十九条实施中的问题进行研究，并向全国人大常委会提供意见。1997 年 7 月 1 日，第一任香港基本法委员会正式成立。香港基本法委员会由十二名委员组成，内地和香港委员各六人，任期五年。所有委员均由全国人大常委会任命。其中，香港委员由香港特别行政区行政长官、立法会主席和终审法院首席法官联合提名，报全国人大常委会任命。

五、澳门特别行政区基本法委员会

澳门特别行政区基本法委员会（以下简称澳门基本法委员会），是全国人大常委会下设的工作委员会。按照《中华人民共和国澳门特别行政区基本法》和全国人民代表大会关于设立全国人大常委会澳门基本法委员会的决定，澳门基本法委员会的职责是：就有关澳门特别行政区基本法第十七条、第十八条、第一百四十三条、第一百四十四条实施中的问题进行研究，并向全国人大常委会提供意见。1999 年 12 月 20 日，第一任澳门基本法委员会正式成立。澳门基本法委员会由十名委员组成，内地和澳门委员各五人，均由全国人大常委会任命，任期五年。其中，澳门委员由澳门特别行政区行政长官、立法会主席和终审法院院长联合提名，报全国人大常委会任命。

六、代表工作委员会

2023 年 6 月 28 日，十四届全国人大常委会第三次会议表决通过关于设立全国人大常委会代表工作委员会的决定，设立全国人大常委会代表工作委员会。

党的二十大对深化党和国家机构改革作出重要部署，党的二十届二中全会审议通过《党和国家机构改革方案》，这次党和国家机构改革统筹党中央机构、全国人大机构、国务院机构、全国政协机构，统筹中央和地方，深化重点领域机构改革，推动党对社会主义现代化建设的领导在机构设置上更加科学、在职能配置上更加优化、在体制机制上更加完善、在运行管理上更加高效。深化全国人大机构改革作为党和国家机构改革的一项重要任务，重点是组建全国人大常委会代表工作委员会。

设立全国人大常委会代表工作委员会是以习近平同志为核心的党中央对人大工作高度重视的具体体现，是贯彻落实习近平总书记关于坚持和完善人民代表大会制度的重要思想的实际举措，也是践行全过程人民民主的重要成果，有利于更好加强代表工作能力建设，密切代表同人民群众的联系，支持和保障代表更好依法履职，使发挥代表作用成为人民当家作主的重要体现。第十四届全国人民代表大会常务委员会第三次会议审议了全国人民代表大会常务委员会委员长会议关于提请审议设立全国人民代表大会常务委员会代表工作委员会的议案，决定设立全国人民代表大会常务委员会代表工作委员会。

代表工作委员会是全国人大常委会的工作机构。其主要职责是：（1）负责全国人大代表名额分配、资格审查、联络服务有关工作；（2）承担代表集中视察、专题调研、联系群众有关制度制定和指导协调工作；（3）负责全国人大代表议案建议工作的统筹管理；（4）负责全国人大代表履职的监督管理；（5）负责全国人大代表学习培训的统筹规划和管理；（6）指导省级人大常委会代表工作；（7）承担全国人大常委会代表资格审查委员会的具体工作；（8）承办全国人大常委会交办的其他事项。

七、常委会办公厅

全国人大常委会办公厅是为全国人大及其常委会提供行政、后勤、文秘、信息等方面服务的综合性办事机构。全国人大常委会办公厅1954 年建立以来，除1955 年5 月至1958 年设有办公厅主任、副主任外，之后一直不设办公厅主任、副主任。办公厅由秘书长直接领导，副秘书长协助秘书长分管办公厅所属各单位。

具体而言，办公厅的主要职责包括：（1）承担全国人大会议、全国人大常委会会议、委员长会议（通常称“三会”）的各项筹备和会务工作；（2）受委员长会议委托，拟订决议、决定等议案草案，负责全国人大及其常委会有关报告、文件的起草和准备工作；（3）承担全国人大及其常委会行使职权的调查研究工作，开展人民代表大会制度和外国议会制度研究；（4）组织办理全国人大代表提出的建议、批评和意见；（5）承担全国人大常委会与全国人大代表和省、自治区、直辖市人大常委会的联络工作；（6）承办全国人大及其常委会同外国议会、议会国际组织的交往和联系工作；（7）负责全国人大及其常委会新闻发布和宣传工作；（8）办理和接待全国人大代表和人民群众的来信来访；（9）负责全国人大常委会机关的行政、后勤、人事管理工作；（10）办理全国人大常委会和委员长会议交办的其他工作。

那么，秘书长是怎样领导办公厅工作的呢？通常，秘书长、副秘书长举行秘书长办公会议，研究处理办公厅机关日常工作。秘书长办公会议由秘书长召集和主持。秘书长办公会议议题也由秘书长确定。秘书长办公会议通过的事项，由秘书长或者秘书长委托的副秘书长签发。秘书长办公会议的主要议题是：（1）研究办理委员长会议决定的事项，或者委员长、副委员长交办的事项；（2）就需要提请委员长会议讨论的问题提出意见和建议；（3）为召开委员长会议、常委会会议进行准备，包括提出会议议程草案、日程草案等；（4）根据全国人大常委会机关人事工作规定，确定机构设置、人员编制等；（5）处理办公厅的重要日常工作。可见，秘书长会议是为常委会会议和委员长会议提供服务和行政辅助的。所以，在全国人大常委会、委员长会议的运转中，秘书长会议的作用也是十分关键的。

第五节　其他重要会议主体

一、委员长会议

委员长会议的职责是负责处理常委会的重要日常工作，由全国人大常委会委员长、副委员长、秘书长组成。委员长会议由委员长召集和主持，或委托副委员长召集和主持。各专门委员会主任委员、常委会副秘书长、各工作委员会主任列席委员长会议。经秘书长决定，有关部门负责人也可以列席委员长会议。

具体来说，委员长会议的职责是：(1) 决定常委会每次会议的会期，拟订会议议程草案；(2) 对国务院、中央军委、国家监委、最高人民法院、最高人民检察院、全国人大各专门委员会向常委会提出的属于常委会职权范围内的议案，决定提请常委会会议审议或者先交有关的专门委员会审议、提出报告，再决定提请常委会会议审议，对常委会组成人员 10 人以上联名向常委会提出的属于常委会职权范围内的议案，决定提请常委会会议审议，或者先交有关的专门委员会审议、提出报告，再决定是否提请常委会会议审议；(3) 对常委会组成人员 10 人以上联名提出的对国务院及国务院各部、委员会和最高人民法院、最高人民检察院的质询案，决定由受质询机关的负责人在常委会会议上或者有关的专门委员会会议上口头答复，或者由受质询机关书面答复；

(4) 向常委会提出属于常委会职权范围内的议案；(5) 指导和协调全国人大各专门委员会的重要日常工作；(6) 向常委会提名全国人大各专门委员会个别副主任委员和部分委员的人选，提名常委会副秘书长的人选，提名常委会各工作委员会主任、副主任的人选；(7) 处理常委会其他重要日常工作。

委员长会议根据需要不定期举行。委员长会议的议题，由秘书长提出，委员长确定。委员长会议通过的文件，由委员长签发。委员长可以委托副委员长或者秘书长签发。委员长会议应作会议记录并编印会议纪要。会议纪要由秘书长签发。

从法律规定看，委员长会议主要是负责处理常委会的程序性工作，没有实体性的决定权，不能作出涉及公民、法人和其他组织权利义务的决定、决议。从实际情况看，委员长会议对常委会的运作和职权的行使，发挥了至关重要的作用，实际上是常委会的运转核心。

二、人大常委会党组

在全国人大及其常委会的各种会议主体中，有一个主体非常重要，又非常关键。这就是全国人大常委会党组（“大党组”）或机关党组（“小党组”），是中国共产党对全国人大及其常委会发挥领导作用非常核心、非常基础的一种机制。

1956年，中共八大通过的《中国共产党章程》中规定：“在国家机关和人民团体的领导机关中，凡是有担任负责工作的党员三人以上的，就应当成立党组。”[1] 根据党章的规定，在中央和

〔1〕 中共中央组织部等编：《中国共产党组织史资料（1921—1997）》第五卷，中共党史出版社2000年版，第81页。

地方国家机关、人民团体、经济组织、文化组织或其他非党组织的领导机关中成立党组。同年，全国人大常委会设立机关党组。[1] 通过党组，中共中央落实对全国人大常委会的领导，切实贯彻党的路线方针和政策。这时候的机关党组在一定程度上发挥了后来“大党组”的作用。

“文化大革命”开始不久，中共全国人民代表大会常务委员会机关党组和中共中华人民共和国最高人民法院党组、中共中华人民共和国最高人民检察院党组及国务院多数工作部门党组、党委等一样，被迫停止工作。[2]

粉碎“四人帮”以后，国家政权系统、统一战线系统和群众团体系统陆续恢复和建立健全党组或党委。1978 年 3 月，五届全国人大一次会议选举产生了以叶剑英为委员长的五届全国人大常委会。5 月，中共中央设立全国人大常委会党组，叶剑英为党组书记，吴德为党组副书记。“大党组”直到这时才成立。1979 年 2 月，五届全国人大常委会第六次会议决定成立由 80 多人组成的全国人大常委会法制委员会（1983 年改为法制工作委员会）。同年 9 月，中共中央决定成立全国人大常委会法制委员会党组。在五届、六届全国人大期间，全国人大常委会还分别设立办公厅党组和法制工作委员会党组，分别由秘书长、副秘书长和法工委主任、副主任组成。

1983 年 6 月—1988 年 4 月，第六届全国人大常委会未设立常委会党组或机关党组。[3] 直到七届全国人大，又重新设立全

---

〔1〕 中共中央组织部等编：《中国共产党组织史资料（1921—1997）》第五卷，中共党史出版社 2000 年版，第 81—82 页。

〔2〕 中共中央组织部等编：《中国共产党组织史资料（1921—1997）》第六卷，中共党史出版社 2000 年版，第 80 页。

〔3〕 中共中央组织部等编：《中国共产党组织史资料（1921—1997）》第七卷，中共党史出版社 2000 年版，第 272—273 页。

国人大常委会党组，而且还设立了全国人大常委会机关党组，相应撤销办公厅党组和法工委党组。全国人大常委会党组，由委员长、中共党员副委员长和秘书长组成，党组书记由委员长担任。其主要职责是：（1）就全国人大常委会工作中的重大问题进行研究讨论，必要时，就有关重大问题向中共中央请示报告；（2）保证中共中央决策的贯彻落实。党组根据需要不定期召开会议，由党组书记召集和主持。通常在每次委员长会议之前，都要先召开党组会议，对将要提请委员长会议讨论决定的事项进行研究讨论。从十届全国人大开始，成立全国人大常委会党员委员支部，根据需要不定期召开党员委员支部大会，通报中共中央对有关立法和监督等重大问题的决策精神，并进行讨论以便统一思想。[1]

三、代表团

全国人大会议举行前，代表按照选举单位组成代表团或代表小组。[2] 代表团的任务（包括大会开幕前和会议期间）：在每次大会举行前，集中进行各类准备性活动，讨论常委会提出的关于会议的准备事项，如审议主席团和秘书长名单草案，会议议程草案，以及关于会议的其他准备事项；传达主席团会议的有关决定和意见；对列入大会议程的议案进行集中审议（人数较多的代表团则分小组审议）；通过一些须由代表集体作出的决定。代表团可推派代表或由代表团团长推派代表到主席团会议或大会全体会

〔1〕程湘清主编：《人大常委会主任工作全书》，中国民主法制出版社 2014 年版，第 158 页。

〔2〕最初的代表小组相当于现在的代表团，与现在代表团划分出来的代表小组不同。

议上，代表代表团对审议的议案发表意见。代表团还可以在会议期间提出代表大会职权范围内的议案，可以提出罢免案、质询案，提议组织特定问题调查委员会，等等。这些职权实际上是代表团召开会议的议题内容。

代表团的活动方式有两种：代表团全体会议、代表团小组会议。每一种会议形式都有自己的流程与功能。

一是代表团全体会议。其主要任务是：集中审议各项议案；通过以代表团名义提出的议案、质询案、罢免案等；听取代表团团长传达主席团会议的决定和意见；听取国务院或国务院有关部门回答询问、本代表团提出的质询。代表团全体会议由代表团团长召集并主持。

二是代表团小组会议。因为全国人大大多数代表团的人数都较多，所以没有办法以代表团的形式召开会议，进行审议。只有划分成代表小组，才能使代表充分发表意见。代表团小组会议一般由十至三十人组成，由小组会议召集人轮流主持会议。举行全国人民代表大会会议时，大多数省、自治区、直辖市都召开小组会议进行审议，只有人数特少的几个代表团，如西藏、青海、甘肃、宁夏、台湾等省（区）因代表团人数较少，不分小组，只举行代表团全体会议。总体来说，代表团小组会议是全国人大代表审议议案的主要会议形式之一。

四、大会主席团

全国人大会议主席团是全国人大会议期间的临时性机构。全国人大组织法第十二条第一款规定：“主席团主持全国人民代表大会会议。”主席团的决定，由主席团全体成员过半数通过。它的作用就是领导会议，解决各种会议程序问题。其行使职责有两个阶段：首先是主席团第一次会议，主要解决大会召开的有关程序问题。其次是就会议之中出现的程序问题作出决定，如对议案进行初步审查等。主席团第一次会议由常委会委员长召集并主持，以后的会议由主席团常务主席召集和主持，主席团全体成员参加，必要时还可吸收各代表团团长和代表团推选的代表参加。主席团常务主席就拟提请主席团审议事项，听取秘书处和有关专门委员会的报告，向主席团提出建议。还可以对会议日程作必要的调整。可见，主席团会议中委员长或主席团常务主席的作用是十分关键的。

大会主席团成员必须是全国人大代表，一般由 150 人左右组成。包括党和国家领导人，各民主党派中央、全国工商联负责人和无党派爱国人士，中央党、政、军机关有关负责人和人民团体负责人，工农业等方面英模人物、企业家和知识分子等各界代表人物，人口在一百万以上的少数民族代表，各省、自治区、直辖市、特别行政区和解放军代表团负责人等。每次会议的主席团由全国人大常委会提出名单草案，在代表大会预备会议上产生。

主席团通过主席团会议对全国人民代表大会会议实行领导。在主席团第一次会议上推选主席团常务主席若干人、推选主席团成员若干人分别担任本次大会每次全体会议的执行主席，并指定其中一人担任全体会议主持人。主席团第一次会议还要决定大会副秘书长人选、决定大会会议日程安排、决定表决议案的办法、决定代表提出议案截止日期、决定除依法应列席会议人员外的其他列席会议人员的名单等事项。

那么，主席团会议主要讨论哪些议题呢？根据全国人大组织法第十四条的规定，主席团的主要职责是：（1）根据会议议程决定会议日程；（2）决定会议期间代表提出议案的截止时间；（3）听取和审议关于议案处理意见的报告，决定会议期间提出的议案是否列入会议议程；（4）听取和审议秘书处和有关专门委员会关于各项议案和报告审议、审查情况的报告，决定是否将议案和决定草案、决议草案提请会议表决；（5）听取主席团常务主席关于国家机构组成人员人选名单的说明，提名由会议选举的国家机构组成人员的人选，依照法定程序确定正式候选人名单；（6）提出会议选举和决定任命的办法草案；（7）组织由会议选举或者决定任命的国家机构组成人员的宪法宣誓；（8）其他应当由主席团处理的事项。

当然，在实践中，这些职责是具体化的。除第一次主席团会议外，主席团会议的主要职责是：（1）提出各项报告的决议草案交各代表团审议，并根据各代表团的审议意见，提出各项决议草案的表决稿提请大会表决；（2）听取和审议财政经济委员会关于计划和预算的审查结果报告，提出关于计划、预算的决议草案，交各代表团审议，并根据各代表团的审议意见，提出关于计划、预算决议草案的表决稿提请大会表决；（3）听取审议情况的综合汇报；（4）听取宪法和法律委员会法规草案审议结果的报告，决定将法规草案修改稿交各代表团审议，听取宪法和法律委员会关于法规草案修改情况的汇报，决定将法规草案表决稿提请大会表决；（5）根据代表团对选举办法（草案）的审议意见，提出修改意见并提请大会表决；（6）根据法律规定，提出各项候选人或人选名单（草案）交各代表团酝酿协商，并根据多数代表意见确定正式候选人或人选名单（草案），提请大会选举或通过人选。〔1〕这是法定职责在实践当中的具体展现。

〔1〕程湘清主编：《人大常委会主任工作全书》，中国民主法制出版社 2014 年版，第 209 页。

/ 第二章 /

人大会议议事规则

第一节　人大议事规则概述

一、人大议事规则的概念

人民代表大会作为权力主体，其职权主要是通过开会行使的。唯有开会，人民代表大会的作用才能发挥出来。要开会，就要有程序。会怎么开，议事议什么，有哪些规则，这实际上就是议事规则。议事规则是程序民主的重要体现。

广义上的议事规则，指的是各类组织开会过程中的行为守则、规范程序。狭义的议事规则，则特指各级人大及其常委会在逐步规范会议制度进程中，依法逐步形成的适合国家权力机关特点的会议制度和议事程序。

二、人大议事规则的本质属性

究竟什么是人大议事规则的本质特征呢？学界和实务界对这一问题存在分歧。

有的学者认为，人大议事规则及其制度是我国的根本政治制度——人民代表大会制度的一个重要内容或重要组成部分，简称为“重要内容说”。[1]“重要内容说”认为，人大议事规则是人民代表大会制度体系的重要组成部分，是国家权力运行的重要保证，是人大履职的基础环节。人大议事规则在强化会前组织、规范议事安排、保障职责行使、凝聚智慧力量等方面持续发挥着重要作用。“重要内容说”强调了人大议事规则与人大制度之间的密切关系，但相对而言，其概括非常抽象，不能明晰人大议事规则的最本质的特征。

有的学者将全国人大及其常委会议事规则视为法律，认为人大议事规则与宪法法律一样，都属于法律类别。例如，议事规则是“代议法”，属于中国特色社会主义法律体系中的一个法律部门[2]；“修改《全国人大组织法》《全国人大议事规则》《全国人大常委会议事规则》等三部重要法律，是深化党和国家机构改革，推进国家治理体系和治理能力现代化，发展完善社会主义民主政治制度的重要举措”[3]。“落实立法规划和计划，修改全国人大组织法、地方组织法、全国人大议事规则、全国人大常委会议事规则等法律，完善论证、评估、评议、听证制度，健全适应新时代要求的人大组织制度、工作机制、议事规则”[4]。上述观点都把人大议事规则同法律相提并论。但也有学者提出，把人大议事规则等同于法律，这一定位是不准确的。人大议事

〔1〕 刘政：《我国人民代表大会制度的特点及其历史发展》，刘政、程湘清：《人民代表大会制度的理论和实践》，中国民主法制出版社2003年版，第3页。

〔2〕 田必耀：《人大议事规则与监督到位（上）——对话中央财经大学法学院教授蒋劲松》，《人民之友》2012年第1期，第50页。

〔3〕 刘松山：《对修改全国人大及其常委会组织法及议事规则的若干建议》，《中国法律评论》2019年第6期。

〔4〕 王晨：《深入学习贯彻党的十九届四中全会精神　坚持和完善人民代表大会制度这一根本政治制度》，中国人大网，http：//www.npc.gov.cn/npc/c30834/202001/53d578b1c927474ba2092d73e8c68b95.shtml。

规则既包括较高位阶的议事规则，也包括一些较低位阶的议事规则。“法律说”则只涵盖了包括全国人大及其常委会议事规则在内的一些较高位阶的议事规则，天然排斥了一些低位阶或约定俗成的议事规则，这难以展示人大议事规则的全貌。[1]

有的学者则把人大议事规则视为立法机关的内部规范，认为人大议事规则产生于人大自身建设的内部需求。有的学者结合制度内容维度对人大议事规则的性质进行了界定，“议事规则是指立法机关制定的有关内部组织机构体系、权力和工作分配、议事程序和规则、成员选任以及特权与纪律等事项的制度规范”，这实质上强调了人大议事规则的内部规范属性。[2]

关于人大议事规则本质属性的三种说法，都一定程度上揭示了人大议事规则某些方面的特征。虽存在争议，但一定程度上有利于我们理解人大议事规则。人大议事规则兼具法律法规和内部规范双重特点，同时也是人大制度的重要组成部分。从规则内容不难看出，人大议事规则与全国人大组织法、地方组织法、代表法、立法法、监督法等众多法律条文有重合的部分，程序性的规定完全一致。所以，人大议事规则具有法律法规的特性，这一点毋庸置疑。但正如前文所说，人大议事规则是一个庞大的体系，它不仅包括高位阶的议事规则，也包括低位阶的议事规则。中高位阶的议事规则可能上升为法律法规，低位阶的议事规则通常比较细碎具体，更多是以内部规范的形式出现。因此，作为整体的人大议事规则实际上兼具法律法规和内部规范双重特征，也是人

---

〔1〕 金晓伟：《我国人大议事规则研究：回顾、反思与展望》，《人大研究》2021年第2期，第12页。

〔2〕 田必耀：《人大议事规则与监督到位（上）——对话中央财经大学法学院教授蒋劲松》，《人民之友》2012年第1期。

大制度这一庞大制度体系下的子制度体系。

本文所讨论的人大议事规则是在更广视角下的人大议事规则，它包括一切规范人大及其常委会的议事活动的相关法律规定、议事规则、特定工作规范。本文在阐述人大议事规则和人大常委会议事规则的时候，并非完全就规则本身来谈论规则，而是从更广阔的层面上看，既包括明文规定的议事规则的规范性文件，又包括相关的法律法规以及一些具体的工作规范。

三、人大议事规则的构成

根据不同的划分标准，人大议事规则可以划分为不同的类型。根据人大议事规则的结构层次，我们可以把它划分为根本规则、基本规则和具体规则；根据议事规则的层级和主体对象，可以划分为全国层面的人大议事规则和地方层面的人大议事规则。全国层面的人大议事规则可以分为全国人大议事规则、全国人大常委会议事规则、委员长会议议事规则、专门委员会议事规则等。地方层面的人大议事规则又可以分为省市人大议事规则、市县人大常委会议事规则、人大常委会主任会议议事规则、专门委员会议事规则等；根据议事规则的内容，我们可以把人大议事规则分为人大会议常规性制度和人大议事程序规则。本章主要聚焦的是人大会议常规性制度和人大议事程序规则，通过对全国和地方两个层面议事规则的阐述，以呈现人民代表大会议事规则的全貌。

四、人大议事特有的根本规则

在阐述人大具体议事规则之前，我们有必要了解一下人大议事规则的根本规则。这是我们理解人大议事规则的基础前提。根本规则指的是最基本、最重要的规则，是其他所有规则的基础和前提。从内容结构层次上说，“根本规则”是一系列规则的基础，它遵循严格的逻辑推理，通过推理，归纳出“基本规则”。“基本规则”又衍生出多种多样的“具体规则”。这些规则广泛应用于组织治理结构、会议合法性、议程制定与完善、程序性提议与建议、一般发言与经常性辩论、会议表决与人事选举、颁布文件与制度等实践领域。

学者孙莹认为，作为民意代表机关的人大，其议事规则的根本规则包括民主集中制原则、人大主导原则、代表主体原则、法定人数原则、议事公开原则、议事平等原则、集体责任原则、多数决原则等。其中，人大特有的议事规则主要包括民主集中制原则、人大主导原则和代表主体原则。[1] 根据学者的众多研究成果以及国家宪法法律、规则制度、领导人讲话等众多材料，本文认为，我国特有的人大议事规则的根本规则至少包括三项原则，即人民主权原则、党的领导原则、民主集中制原则。

第一，人民主权原则。议事规则的目的有二：一是要最大化发挥会议的功能；二是要提高会议的效率，使会议有序有效地进行。人大议事规则的制定也主要是基于人大功能的发挥以及效率的提升。那么，人大最大的功能、最重要的功能是什么呢？人大是人大制度运行的依托。人大制度是保障人民当家作主最根本、最重要的制度。人大代表是代表人民行使国家权力。全国人大是最高国家权力机关。“一府一委两院”由其产生，对其负责，全国人大对其具有监督权。全国人大的地位实际上是人民主权原则

〔1〕 孙莹：《中国人大议事规则原理与制度》，法律出版社2020年版，第21—24页。

的体现。因此，人民主权原则也必定成为人大最重要的议事根本规则之一。

第二，党的领导原则。宪法第一条明确规定，我们国家的性质是工人阶级领导的、以工农联盟为基础的人民民主专政的社会主义国家。其中，中国共产党领导是中国特色社会主义最本质的特征。党的领导写进了宪法第一条。人大制度是坚持党的领导、人民当家作主、依法治国有机统一的根本制度安排。“党的领导是人民当家作主和依法治国的根本保证，人民当家作主是社会主义民主政治的本质特征，依法治国是党领导人民治理国家的基本方式，三者统一于我国社会主义民主政治伟大实践”〔1〕。因此，在人大的实际运作中，坚持党的全面领导是人大最重要的遵循。人大议事规则作为人大制度的组成部分之一，坚持党的领导毫无疑问成了必须遵循的根本准则之一。

第三，民主集中制原则。在毛泽东的早期论述中，人大制度实际上就是民主集中制的化身。新中国成立初期，毛泽东对人民代表大会制度的描述一般与民主集中制联系在一起。他认为，“我们政权的制度是采取议会呢，还是采取民主集中制？……我们采用民主集中制，而不采用资产阶级议会制”〔2〕，“由各级人民代表大会决定大政方针，选举政府。它是民主的，又是集中的，就是说，在民主基础上的集中，在集中指导下的民主。只有这个制度，才既能表现广泛的民主，使各级人民代表大会有高度的权力；又能集中处理国事，使各级政府能集中地处理被各级人

〔1〕 习近平：《决胜全面建成小康社会　夺取新时代中国特色社会主义伟大胜利——在中国共产党第十九次全国代表大会上的报告》。

〔2〕 全国人大常委会办公厅、中共中央文献研究室编：《人民代表大会制度重要文献选编》（一），中国民主法制出版社、中央文献出版社2015年版，第6页。

民代表大会所委托的一切事务，并保障人民的一切必要的民主活动”[1]。可见，在新中国成立初期，人民代表大会制度是民主集中制度的具体化，它主要规范的是人民与人民代表大会、人民代表大会与“一府两院”之间的关系。

2003 年，十届全国人大常委会委员长吴邦国在讲话中提到人民代表大会制度的基本内容。他把人大制度概括为五个方面内容：一是各级人大都由民主选举产生，对人民负责，受人民监督；二是各级人大及其常委会实行民主集中制，集体行使权力、集体决定问题；三是“一府两院”由人大产生，对它负责，受它监督；四是遵循在中央统一领导下，充分发挥地方的主动性、积极性的原则，划分中央与地方的国家机构的职权；五是各少数民族聚居的地方实行区域自治。[2] 从吴邦国关于人大制度的论述中，我们不难得知，不仅人民与人大、人大与“一府两院”之间的关系可以用民主集中制原则概括，人大与人大常委会、中央与地方之间的关系也可以用民主集中制原则概括。可见，人大制度实际上是多层次、多方面的复合形式的民主集中制。

全国人大常委会议事规则、地方人大议事规则都明确规定了民主集中制的工作原则。2007 年的《福建省人民代表大会议事规则》总则第二条明确规定：“省人民代表大会按照民主集中制原则，集体行使宪法和法律赋予的职权。”《北京市人民代表大会议事规则》第二条规定：“北京市人民代表大会审议决定问题，应当充分发扬民主，严格依法办事，实行民主集中制的原则。”《中华人民共和国全国人民代表大会常务委员会议事规则》第四

---

〔1〕《毛泽东选集》第三卷，人民出版社 1991 年版，第 1057 页。

〔2〕 全国人大常委会办公厅、中共中央文献研究室编：《人民代表大会制度重要文献选编》（四），中国民主法制出版社、中央文献出版社 2015 年版，第 1211—1212 页。

条规定："全国人民代表大会常务委员会审议议案、决定问题，实行民主集中制的原则，充分发扬民主，集体行使职权。"

除了根本规则，人大议事规则的基本原则一般通过制定法律规范来明文规定。如果说人大议事的根本规则和基本原则属于中高位阶的议事规则，那么具体原则则属于中低位阶的议事规则。越高层级的人大议事规则更具有综合性和概括性，越低层级的人大议事规则更具有操作性和程序性。

第二节　人大会议常规性制度

人大议事规则可以分为两类：一类为人大会议的常规性制度，另一类为人大议事的程序规则。本节将探讨人大会议的常规性制度安排。

人民代表大会制度确立后，首先诞生的是全国人大常委会议事规则，随后才是全国人大议事规则。1987 年 11 月 24 日，第六届全国人民代表大会常务委员会第二十三次会议通过了《中华人民共和国全国人民代表大会常务委员会议事规则》。而《中华人民共和国全国人民代表大会议事规则》直到 1989 年 4 月 4 日在第七届全国人民代表大会第二次会议上才通过。

两大议事规则都是法律规范和实践工作的产物。这里的法律规范主要指的是宪法和组织法。从时间上不难看出，议事规则分别制定于 1987 年和 1989 年，议事规则出台的时候，代表法、立法法、监督法等重要法律还没有出台，只有宪法、组织法出台了。正是因为各大法律出台的顺序不一，所以后来出台的法律规范都不同程度上与议事规则、宪法、组织法里的部分内容重合。这从另一方面体现了人大议事规则既是内部工作准则和行为规范，又一定程度上具有法律的强制性和权威性特点。

人大会议制度运行几十年，随着改革开放，中国的经济社会发生了巨大变化。2021 年 3 月 11 日，第十三届全国人民代表大会第四次会议对全国人民代表大会议事规则进行了修改。2022 年 6 月 24 日，第十三届全国人民代表大会常务委员会第三十五次会议对全国人民代表大会常务委员会议事规则进行了修改。

1989 年《中华人民共和国全国人民代表大会议事规则》出台以来，三十多年的时间里，全国各地的省、市人大基本上制定了人民代表大会议事规则，部分省、市人大还在实践和探索的基础上，对原有的议事规则进行了修订。如《广东省人民代表大会议事规则》于 1999 年制定并实施，2023 年已向省十三届人大五次会议提出修订。海南省人大于 1994 年 3 月制定了《海南省人民代表大会议事规则》，也于 2023 年提请审议修订。地方人大的议事规则和地方人大常委会的议事规则主要是在全国人大的议事规则和全国人大常委会议事规则的基础上，结合地方实际制定。地方层面的议事规则，在出台的时间上晚于全国层面的议事规则，但在结构框架上，两者大体相似，只在具体规定上地方制定的议事规则略有差异。

我们将从会期、会议议程、会议形式、出席代表和列席人员、请假制度、全体会议的准备、会议公开、发言和表决八个方面，分别从全国和地方两个层面来探讨人大会议的常规性制度安排。

一、会期

会期，指的是会议从开幕到闭幕的时间。会期的长短一般由会议议程决定。在会议议程较多的情况下，会议持续时间相对较长；反之，会议持续时间则相对较短。

全国人大的会期较为稳定，一般持续时间为 7—15 天。而全国人大常委会的会期较为灵活，短则 1 天，长则 7 天，一般根据会议议程的多少决定会议持续时间。全国人大会议一般于每年第一季度举行，会议召开的具体时间由全国人大常委会决定并公布。遇有特殊情况，全国人大常委会可以决定适当提前或者推迟召开会议。[1] 全国人大常委会会议一般每两个月举行一次；有特殊需要的时候，可以临时召集会议。[2]

地方各级人大会议每年至少举行一次，乡镇人大会议一般每年举行两次。经过五分之一以上代表提议，可以临时召集本级人大会议。[3] 地方人大常委会会议，每两个月至少举行一次。[4] 在特殊情况下，地方人大常委会也可以临时召集本级人大常委会会议。

具体来看，地方每个省市召开会议的时间有些不同。在各省市人大制定的议事规则里，有的省明确规定了省人大会议一般应在第一季度举行[5]，有的省则规定只需在上半年举行即可[6]，还有些省没有明确规定。关于市级人大会议，很多地方人大议事规则规定，大会一般于第一季度举行。如海口市明确提出，市人大会议一般在第一季度举行，经市人大常委会决定，也可以适当延迟。如果市人大常委会认为必要，或者五分之一以上市人大代

〔1〕 全国人民代表大会议事规则第 2 条。

〔2〕 全国人民代表大会常务委员会议事规则第 6 条。

〔3〕 地方组织法第 14 条。

〔4〕 地方组织法第 51 条。

〔5〕《海南省人民代表大会议事规则》第 4 条。

〔6〕《青海省县级以上各级人民代表大会议事规则》第 3 条。

表提议，可以临时召开市人大会议。[1]

地方人大常委会开会的时间也有着相似的规定。有的省规定人大常委会会议一般每两个月举行一次[2]，有的省则规定常委会会议一般要在每个单月的下旬举行[3]。

二、会议议程

会议议程，主要指会议所要讨论决定的问题，也可以理解为会议内容。人大会议议程一般由常委会拟订，在全体会议召开之前，经预备会议讨论决定。会议议程的数量和复杂程度决定了会期的长短。议程越多，需讨论的事情越复杂，那么，所需讨论的时间就越多，会期也就越长。

人大会议议程相对较为稳定，每年的人大会议议程的数量几乎固定为13项左右。每年召开的人大会议审议的议程一般包括：审议上一年国民经济和社会发展计划执行情况与当年的计划草案、上一年预算执行情况与当年的预算草案、“一府两院”的工作报告、人大常委会工作报告、人事任免案等。

议程一旦确定，就必须予以遵守，一般情况下不轻易增加或者删减。如遇特殊情况，确实需要增加或删减议程时，则应当遵循议事规则规定。删减议程的情况一般有两类：第一类，对于列入会议议程的议案，在交付大会表决前，提案人要求撤回的，经主席团同意，会议对该项议案的审议即行终止。[4] 第二类，在

---

〔1〕《海口市人民代表大会议事规则》第3条。

〔2〕《海南省人民代表大会常务委员会议事规则》第6条。

〔3〕《湖南省人民代表大会常务委员会议事规则》第6条。

〔4〕 地方组织法第22条。

审议中，如认为议案需要进一步研究的，经主席团提出，由全体会议决定，可以授权地方人大常委会作进一步研究修改后审议通过或者决定提请下一次大会审议。[1] 对于需要临时增加的议程，也应该遵循议事规则，按议程提出的程序重新再来一遍。

列入全国人大常委会会议议程的议案，在交付表决前，提案人要求撤回的，经委员长会议同意，也可以停止对该议案的审议。列入常委会会议议程的议案，在审议中有重大问题需要进一步研究的，经委员长或者委员长会议提出，联组会议或者全体会议同意，可以暂不付表决，交由专门委员会进一步审议，提出审议报告。[2]

三、会议形式

根据相关法律和议事规则的规定，各级人大会议一般包括预备会议、主席团会议、全体会议、代表团会议、代表小组会议、代表团团长会议、分组会议、联组会议等。

1. 预备会议

预备会议是为全体大会做准备而召开的会议，由全体代表参加，本级人大常委会召集和主持。每届人大的第一次会议，其预备会议由上届人大常委会主持。预备会议召开于主席团会议之前，其主要任务是为了选举本次会议的主席团和秘书长、通过本次会议的议程和其他准备事项的决定。[3]

在举行预备会议之前，各代表团一般都会组织代表审议主席

---

〔1〕《广东省人民代表大会议事规则》第28条。

〔2〕 全国人民代表大会常务委员会议事规则第30—31条。

〔3〕 全国人民代表大会议事规则第8条。

团和秘书长名单草案、会议议程草案以及讨论其他一些重大事项。根据各代表团提出的意见，人大常委会再对主席团和秘书长名单草案、会议议程草案以及讨论其他一些重大事项提出调整意见，并提请预备会议审议。

相对全国层面来说，地方层面人大提交给预备会议的草案内容可能会更加丰富。有些地方人大在议事规则中还明确规定了要设立专门委员会。如海南省明确规定，省人大设立计划和预（决）算审查委员会、议案审查委员会，在审议地方性法规草案任务时还可设立法规审查委员会。而议案审查委员会人选由省人大常委会在本届代表中提名，提交预备会议通过。[1]

2. 主席团会议

主席团会议由主席团全体成员参加，由主席团常务主席召集并主持。全国人大主席团第一次会议由全国人大常委会委员长召集并主持，会议推选主席团常务主席后，由主席团常务主席主持。

主席团第一次会议推选主席团常务主席若干人，推选主席团成员若干人分别担任每次大会全体会议的执行主席，并决定副秘书长的人选、会议日程、会议期间代表提出议案的截止时间、其他需要由主席团第一次会议决定的事项。[2] 主席团的决定，由主席团全体成员的过半数通过。[3]

主席团常务主席可以召集并主持主席团会议、召开代表团团长会议以及针对重大的专门性问题组织代表讨论，讨论情况和意见需向主席团报告。主席团还可以召集大会全体会议进行大会发

〔1〕《海南省人民代表大会议事规则》第10条。

〔2〕全国人民代表大会议事规则第10条。

〔3〕全国人民代表大会议事规则第9条。

言，就议案和有关报告发表意见。[1] 主席团交付的事项和处理会议的日常事务工作主要由秘书处负责落实。秘书处由秘书长和副秘书长若干人组成，副秘书长协助秘书长工作。[2]

一些地方层面的人大议事规则不仅明确了主席团的职责，还规定了主席团常务主席的职责。主席团的职责主要包括：主持会议；领导大会各委员会的工作；组织审议议案和有关报告；听取各代表团团长关于议案和有关报告的审议情况报告，向会议提出关于议案和有关报告的决议草案；提出选举办法草案；提出会议选举的各项人选；主持会议选举；决定议案、罢免案、质询案的审议程序及处理意见；发布公告；其他事项。[3] 主席团常务主席的职责主要包括：召集并主持主席团会议；召开各代表团团长会议；对属于主席团职权范围内的事项向主席团提出建议；根据会议进展情况，可以对会议日程安排作必要的调整；根据主席团的授权，处理主席团职责范围内的其他事项。[4]

3. 全体会议

全体会议是人大会议最重要的组成部分。全体会议由全体代表参加，主席团召集并主持。每届人大第一次会议，由上届人大常委会召集。每一届的第一次会议都要求在本届代表选举完成后的两个月内举行。全国人大常委会会议一般由委员长召集并主持。委员长有事，可以委托副委员长主持会议。地方人大常委会会议则一般由主任召集并主持。特殊情况下，主任无法主持会议的，可以委托副主任主持会议。

---

〔1〕《海南省人民代表大会议事规则》第 15 条。
〔2〕《海南省人民代表大会议事规则》第 17 条。
〔3〕《海口市人民代表大会议事规则》第 11 条。
〔4〕《海口市人民代表大会议事规则》第 14 条。

县级以上地方各级人大会议由本级人大常委会召集。[1] 人大举行会议的时候，由主席团主持会议。每届人大的第一次会议，由上届本级人大常委会或者乡、民族乡、镇的上次人民代表大会主席团召集。[2]

各级人大会议召开前的准备工作主要由人大常委会负责。人大常委会通常需要做好四个方面的工作：提出会议议程草案，提出主席团和秘书长名单草案，决定列席会议人员名单，会议的其他准备事项。例如，海南省人大议事规则规定，省人大常委会需要做好下列准备工作：提出会议议程草案；提出主席团和秘书长名单草案；提出设立省人大议案审查委员会名单草案；审议通过常务委员会代表资格审查委员会关于选举的或补选的省人大代表的代表资格审查报告；审议通过省人大常委会工作报告；决定列席会议的人员名单；其他应由常委会准备的事项。[3]

全体会议的主要议程为听取各项报告，并就各项议案进行表决。

4. 代表团会议

为了方便议事，各级人大按照选举单位组成各代表团。代表团会议，也称代表团全体会议，由代表团全体代表参加，代表团团长召集并主持。代表团召开第一次全体会议时推选代表团团长、副团长。

有些地方还明确规定了代表团团长和副团长的职责。代表团团长召集并主持代表团全体会议；组织本代表团审议议案和有关报告；向主席团报告本代表团对议案和有关报告的审议情况；主

---

〔1〕 地方组织法第 15 条。

〔2〕 地方组织法第 20 条。

〔3〕《海南省人民代表大会议事规则》第 7 条。

持本代表团的询问；传达和贯彻主席团会议的决定；处理代表团的其他工作。代表团副团长协助团长工作，受团长委托可以履行团长职责。[1]

各代表团按照会议日程审议议案和有关报告。代表团还可以提出议案、质询案、罢免案。以代表团名义提出的议案、质询案、罢免案，须代表团全体代表的过半数赞成才能通过。

5. 代表小组会议

代表团一般分为若干代表小组，以代表小组的形式审议各种报告。代表小组会议需要推选出小组召集人，由小组召集人主持代表小组的活动。代表团也可以代表小组为单位，组织代表审议人大常委会提出的主席团和秘书长名单草案、会议议程草案以及关于会议的其他准备事项，并提出意见。

大会上需要审议的会议议程、各类议案、报告以及其他需要表决讨论的事宜一般都是先在小组会议上讨论，再在代表团全体会议上讨论，最后汇总到大会全体会议上。代表应当围绕会议议题发表意见，遵守议事规则。[2]

6. 代表团团长会议

代表团团长会议由各代表团团长参加，由主席团常务主席召集并主持。主席团常务主席就议案和有关报告的重大问题听取各代表团的审议意见，进行讨论，并将讨论的情况和意见向主席团报告。主席团常务主席可以就重大的专门性问题，召集代表团推选的有关代表进行讨论；国务院有关部门负责人参加会议，汇报情况，回答问题。会议讨论的情况和意见需要向主席团报告。

---

〔1〕《海口市人民代表大会议事规则》第8条、第9条。

〔2〕 代表法第8条。

四、出席代表和列席人员

1. 出席代表

人大代表是人大会议的主体。按时参会是人大代表履职的第一要务。人大代表只有参加会议才能履行职责。人大会议的召开有法定人数要求，出席人数不够，会议就不能举行，否则即使举行，会议也无效。各级人大会议须有三分之二以上的代表出席，才能举行。常委会会议也必须有常务委员会全体组成人员的过半数出席，才能举行。[1] 因此，按时出席会议是代表和常委会组成人员最基本的权利和义务。

除了按时出席人大会议，代表在出席人大会议前，还应当通过视察、调研等方式，听取人民群众和原选区选民或者原选举单位的意见和建议，为会议期间执行代表职务做好准备。[2] 会议期间，代表应当勤勉尽责，认真审议各项议案和报告，严格遵守会议纪律。

2. 列席人员

除了出席的代表，人大各类会议还会根据需要要求列席人员参会。列席人员只有发言权而没有表决权。列席人员与旁听人员不同。旁听人员既没有发言权，也没有表决权。

全国人大会议的列席人员一般分为两部分：一部分是法律明文规定的列席人员，另一部分是全国人大常委会邀请的列席人员。国务院的组成人员、中央军事委员会的组成人员、国家监察

〔1〕《海南省人民代表大会议事规则》第6条，《广东省人民代表大会议事规则》第6条。

〔2〕代表法第4条、第7条。

委员会主任，最高人民法院院长和最高人民检察院检察长是法定的必须列席的人员。中央有关机关、团体的负责人以及全国人大及其常委会有关工作机构的负责人则根据议题需要，经常委会决定，才可以列席全国人大会议。

地方人大列席人员名单也是由地方人大常委会决定的。列席人员一般包括：地方各级人民政府组成人员和监察委员会主任、人民法院院长、人民检察院检察长；县级以上的其他有关机关、团体负责人。[1] 全国人大代表或本级人大常委会工作机构或其他团体负责人，经本级人大常委会决定，也可以列席本级人大会议。地方人大常委会举行会议的时候，地方“一府一委两院”的负责人通常是可以列席会议的。

五、请假制度

请假制度，是指代表或委员不能出席会议必须事先报告和获得批准的制度。按时出席人大会议，既是人大代表的权利，也是人大代表的义务。

代表或委员因病或其他特殊原因确实不能出席的，要及时向会议秘书处或常委会书面请假。代表法明确规定，未经批准两次不出席本级人大会议的，其代表资格终止。关于请假的细节，一些地方人大议事规则规定得更为细致。如果是会前，则书面向人大常委会请假；如果是会议期间，则书面向秘书长请假。

〔1〕 地方组织法第21条。

六、全体会议的准备

人大全体会议的准备工作主要由人大常委会负责。人大常委会通常需要做四个方面的准备工作：提出会议议程草案，提出主席团和秘书长名单草案，决定列席会议人员名单，会议的其他准备事项。

除了这四个方面的工作，人大常委会还需要做好代表的联络和组织工作。例如，全国人大常委会需要在全国人大会议召开的一个月前，将开会日期和建议会议讨论的主要事项通知代表，并将准备提请会议审议的法律草案发给代表。常委会还可以组织代表研读讨论有关法律草案，征求代表的意见，并通报会议拟讨论的主要事项的有关情况。[1] 对于主席团和秘书长名单草案、会议议程草案以及关于会议的其他准备事项，常委会也需提交代表审议，并根据代表建议提出各类草案的修改意见，提请预备会议审议。[2]

相比人大全体会议需要做大量准备工作，常委会全体会议的准备工作相对简单一些。会议议程草案主要由委员长会议拟订，再提请常委会全体会议决定。[3] 常委会举行会议，也需要提前七日将开会日期、讨论事项等通知常委会组成人员和列席人员。[4] 常委会举行会议的时候，根据议程需要，邀请“一府两院”或其他部门的负责人列席会议。人大各专门委员会主任委

〔1〕 全国人民代表大会议事规则第6条。

〔2〕 全国人民代表大会议事规则第8条。

〔3〕 全国人民代表大会常务委员会议事规则第8条。

〔4〕 全国人民代表大会常务委员会议事规则第9条。

员、副主任委员，有关的专门委员会委员、顾问，有关部门负责人也可以列席会议，下级人大常委会主任或者副主任可以列席会议，甚至部分人大代表也可以列席会议。

地方人大常委会对人大会议的组织工作要求也很细致。不少省级人大议事规则明确规定，在人大会议举行的一个月前，人大常委会需要将开会日期和建议会议讨论的主要事项通知代表，并将准备提请会议审议的地方性法规草案发给代表。当然，临时召开的人大会议不适用这一规定。[1] 有些市级人大议事规则要求常委会必须在市人大会议举行的三十日前，将开会日期和主要建议议程通知市人大代表，并予以公告。[2] 地方人大常委会举行会议，一般在会议举行七日以前，将开会日期、建议会议讨论的主要事项，通知常务委员会组成人员。每次开会日期、会议议程草案，一般由常委会主任会议决定。[3]

有些地方人大还要求，常委会在会议召开前要做好组织代表视察、准备联席会议等工作。如福建省和贵州省人大的议事规则规定，在省人大会议举行之前，常委会应当组织代表进行专题调研、集中视察，了解经济、政治、文化、社会发展情况和人民群众关注的热点难点问题，听取原选举单位和人民群众的意见。[4]

七、会议公开

无论是全国层面，还是地方层面，原则上人大会议公开举

〔1〕《海南省人民代表大会议事规则》第8条。

〔2〕《海口市人民代表大会议事规则》第7条。

〔3〕《海南省人民代表大会常务委员会议事规则》第7条。

〔4〕《福建省人民代表大会议事规则》第6条，《贵州省人民代表大会议事规则》第10条。

行。所谓会议公开，是指除特殊情况外，会议一律公开举行，包括公布会议记录、允许公众旁听、允许中外记者采访报道、允许电视台转播等。人大议事规则明确规定，人大会议议程、日程和会议情况予以公开。会议期间，代表在各种会议上的发言，整理成简报印发会议，并可以根据本人要求，将发言记录或者摘要印发会议。会议简报、发言记录或者摘要可以为纸质版，也可以为电子版。

公开原则主要表现在四个方面：第一，召开新闻发布会、记者会。全国人大举行会议，一般都会在会前召开新闻发布会、记者会，向公众公布本次会议的议程。第二，建立发言人制度。全国人大议事规则规定，全国人大会议要设发言人，各代表团也可以根据需要设发言人，由发言人对外发声。第三，秘书处和代表团负责媒体采访报道的组织工作。秘书处负责代表和有关部门、单位负责人接受新闻媒体采访的组织工作。代表团可以组织本代表团代表接受新闻媒体采访。大会全体会议通过广播、电视、网络等媒体进行公开报道。[1] 第四，允许旁听。大会全体会议设旁听席，公众可按照旁听办法主动申请旁听。[2]

当然，在必要的时候，人大也可以举行秘密会议。举行秘密会议，经主席团征求各代表团的意见后，由有各代表团团长参加的主席团会议决定。[3]

人大常委会会议是否公开举行，常委会议事规则中没有明确规定，但人大会议召开之前，一般都会对外公布常委会会议的议题和内容。可见，常委会会议在实际运行过程中执行的也是主动公开原则。

---

〔1〕 全国人民代表大会议事规则第 18 条。

〔2〕 全国人民代表大会议事规则第 17 条。

〔3〕 全国人民代表大会议事规则第 19 条。

八、发言和表决

1. 发言

在全国人大会议上，代表可以在全体会议、主席团会议、代表团会议、代表小组会议上发言。

各大会议上代表发言的规则有相同之处，也有不同之处。相同之处主要体现在以下几点：第一，代表在任何会上的发言和表决，不受法律追究；第二，代表在会上发言需要提前报名或申请；第三，代表发言时间和次数都需要得到大会执行主席或者大会主持人的许可。发言时间延长也需经大会执行主席或大会主持人许可；第四，代表发言主题要围绕会议确定的议题进行。如果发言内容与议题无关，或者未经大会执行主席或会议主持人许可超过规定发言时间，大会执行主席或会议主持人可以制止代表发言。

代表发言规则的不同之处主要体现在发言时长和次数上。在全体会议上，代表每人可以发言两次，第一次不超过十分钟，第二次不超过五分钟。在主席团会议上，每人可以就同一议题发言两次，第一次不超过十五分钟，第二次不超过十分钟。代表在代表团全体会议和代表小组会议上的发言，一般不超过二十分钟。如果发言时间延长，延长时间也不能超过五分钟。此外，代表在主席团会议、代表团会议和代表小组会议上的发言，除主持人外，其他人均无权打断。

全国人大常委会组成人员和列席会议的人员在全体会议和联组会议上的发言，不超过十分钟；在分组会议上，第一次发言不超过十五分钟，第二次对同一问题的发言不超过十分钟。事先提出要求，经会议主持人同意的，才可以适当延长发言时间。

地方层面对代表发言的规则类似于全国层面，但在发言次数和时长上又各有不同要求。如海南省人大规定，代表在大会全体会议上发言的，每人可以发言两次，第一次不超过十分钟，第二次不超过五分钟。[1] 广东省人大规定，代表在每次全体会议上发言的时间，一般不超过十分钟。[2]

代表在地方人大主席团会议上发言也有发言时间和次数的限制。海南省人大、广东省人大、海口市人大都规定，每人每次会议可以就同一议题发言两次，第一次不超过十五分钟，第二次不超过十分钟。特殊情况下，经会议主持人许可，发言时间可以适当延长。[3]

2. 表决

议案审议结束后，对需要作出决定的议案，最后表示同意、反对或者弃权，这就是表决。表决是代表或委员表达意见的最后一种方式，也是最重要的一种方式。

代表在大会上可以充分发表意见，按照自己的意愿进行表决。代表在会议上的表决，不受法律追究。表决时，代表可以表示赞成，可以表示反对，也可以弃权。会议表决的方式一般由主席团决定，可采用无记名投票方式、举手方式或者其他方式。会议的表决，由全体代表的过半数通过。表决结果由会议主持人当场宣布。[4]

---

〔1〕《海南省人民代表大会议事规则》第 56 条。

〔2〕《广东省人民代表大会议事规则》第 59 条。

〔3〕《海南省人民代表大会议事规则》第 57 条，《广东省人民代表大会议事规则》第 59 条。

〔4〕《海南省人民代表大会议事规则》第 59 条、第 60 条，《广东省人民代表大会议事规则》第 60 条、第 62 条，《海口市人民代表大会议事规则》第 57 条。

全国人大全体会议表决议案，由全体代表的过半数通过。宪法的修改，由全体代表的三分之二以上的多数通过。会议表决议案采用无记名按表决器方式。如表决器系统在使用中发生故障，采用举手方式。宪法的修改，采用无记名投票方式表决。全国人大常委会表决议案由常委会全体组成人员的过半数通过。表决结果由会议主持人当场宣布。交付表决的议案，有修正案的，先表决修正案。任免案、撤职案逐人表决，根据情况也可以合并表决。常委会表决议案，采用无记名方式、举手方式或者其他方式。〔1〕

表决是民主决定问题的一种方式。在表决前，代表可能有不同意见。各地对议案表决前的处理方式不一。海南省人大规定，对于大会表决前有着重大不同意见的，经五分之一以上的代表提议，主席团可以决定，由大会全体会议就该项议案是否交付本次会议表决的问题，进行表决。〔2〕也就是说，如果有五分之一以上的代表不同意表决，那么这一议案即使列入了此次大会议程，也可以不进行表决。广东省人大的规定则不同：各项决议、决定草案提交大会全体会议表决前，由主席团决定交各代表团审议后，提交大会全体会议表决。对于代表在各种会议上就议案发表的意见，主席团或有关部门应当在有各代表团团长参加的主席团会议上或全体会议上进行说明。

〔1〕全国人民代表大会常务委员会议事规则第45—48条。

〔2〕《海南省人民代表大会议事规则》第58条。

第三节　人大议事的程序规则

人大会议最主要的工作是审议和表决。代表需要审议和表决的内容主要包括议案，工作报告，国家计划，国家预算，国家机构组成人员的选举、罢免、任免和辞职，询问和质询，组织特定问题调查委员会等。人大议事需要遵循一定的程序规则。本文将结合代表审议和表决的内容，从议案的提出和审议，审议工作报告、审查国家计划和国家预算，选举、罢免、任免和辞职，询问和质询，特定问题调查委员会五个方面来阐述人大议事的具体程序规则。

一、议案的提出和审议

（一）议案的提出

议案主要包括人大议案和人大常委会议案。根据提出主体，我们又可以把议案分为两类：一类是机关议案，另一类是代表议案。机关议案指的是以机关单位为主体提出的议案，代表议案则指的是以代表为主体提出的议案。

先来讲人大议案。全国人大的机关议案主要包括主席团、全国人大常委会、全国人大各专门委员会、国务院、中央军事委员会、国家监察委员会、最高人民法院、最高人民检察院这些机关向全国人大提出的属于全国人大职权范围内的议案。[1] 机关议案由主席团决定列入会议议程。从全国人大来看，机关议案一般是在会议召开之前提出的，多为法律议案。

全国人大代表提出的议案需要一个代表团或者三十名以上的代表联名，向全国人大提出属于全国人大职权范围内的议案。代表议案一般是在会议期间提出的，特殊情况下在会议召开之前提出。全国人民代表大会议事规则规定，代表议案由主席团决定是否列入会议议程，或者先交有关的专门委员会审议、提出是否列入会议议程的意见，再决定是否列入会议议程，并将主席团通过的关于议案处理意见的报告印发会议。[2] 从实践来看，代表提出的议案主要由专门委员会审议，列入大会会议议程的情况较少。

同全国人大议案类似，地方人大议案的提出主体也分为机关主体和代表主体两类。地方组织法明确规定，地方各级人大举行会议的时候，主席团、常务委员会、各专门委员会、本级人民政府，可以向本级人大提出属于本级人大职权范围内的议案；县级以上的地方各级人大代表十人以上联名，可以向本级人大提出属于本级人大职权范围内的议案。无论是机关提出的议案，还是代表提出的议案，最后都由主席团决定是否列入大会议程。[3]

从近年来的会议实践来看，代表议案中以代表团为单位，全团代表集体提出议案的情况越来越常见。以代表团名义提出的议案以及质询案、罢免案，由代表团全体代表的过半数通过，并由代表团团长签署。代表团提出的议案既可以在地方人大会议举行

---

〔1〕 全国人民代表大会议事规则第 23 条。

〔2〕 全国人民代表大会议事规则第 23 条。

〔3〕 地方组织法第 22 条。

前提出，也可以在会议期间议案截止时间前提出。[1]

人大常委会议案的提出主体主要分为机关主体提出的议案和委员主体提出的议案。可以向全国人大常委会提出议案的机关主体主要包括委员长会议、各专门委员会、“一府一委两院”以及中央军委。委员长会议可以向常委会提出属于常委会职权范围内的议案，由常委会会议审议。国务院、中央军事委员会、国家监察委员会、最高人民法院、最高人民检察院、全国人大各专门委员会，也可以向常委会提出属于常委会职权范围内的议案，由委员长会议决定列入常委会会议议程，或者先交有关的专门委员会审议、提出报告，再决定列入常委会会议议程。[2] 地方人大常委会提出议案的机关主体类似，主要包括主任会议、各专门委员会、“一府一委两院”等。

委员主体提出议案则须十人以上常委会组成人员联名才可以提出。委员议案由委员长会议决定是否列入常委会会议议程，或者先交有关的专门委员会审议、提出报告，再决定是否列入常委会会议议程；不列入常委会会议议程的，应当向常委会会议报告或者向提案人说明。[3]

（二）法律议案的审议过程

对于列入会议议程的法律案，大会全体会议先听取关于该法律案的说明后，再由各代表团审议，并由宪法和法律委员会、有关的专门委员会审议。宪法和法律委员会根据各代表团和有关的专门委员会的审议意见，对法律案进行统一审议，向主席团提出审议结果报告和法律草案、有关法律问题的决定草案修改稿，对

---

〔1〕《海南省人民代表大会议事规则》第25条。

〔2〕全国人民代表大会常务委员会议事规则第18条。

〔3〕全国人民代表大会常务委员会议事规则第18条。

重要的不同意见应当在审议结果报告中予以说明，经主席团审议通过后，印发会议。修改稿经各代表团审议，由宪法和法律委员会根据各代表团的审议意见进行修改，提出表决稿，由主席团提请大会全体会议表决。[1] 有关的专门委员会的审议意见也要及时印发会议。但全国人大成立的特定法律起草委员会所拟订并提出的法律案，其审议程序和表决办法不适用此类规定。

如果是在全国人大闭会期间提出法律案，则可以先向全国人大常委会提出，经全国人大常委会会议审议后，再决定提请全国人大审议。对准备提请全国人大审议的法律案，全国人大常委会应当将法律草案向社会公布，广泛征求意见，但是经委员长会议决定不公布的除外。向社会公布征求意见的时间一般不少于三十日。[2]

对于列入全国人大常委会会议议程的法律草案，常委会听取说明并初步审议后，由宪法和法律委员会统一审议，向下次或者以后的常委会会议提出审议结果的报告，并将其他有关专门委员会的审议意见印发常委会会议。有关法律问题的决定的议案和修改法律的议案，宪法和法律委员会审议后，可以向本次常委会会议提出审议结果的报告，也可以向下次或者以后的常委会会议提出审议结果的报告。[3]

一些地方人大常委会在举行人大会议之前，也会将会议需要审议的地方性法规草案向公众公布，以广泛征求意见。地方性法规草案在经各代表团审议后，再由法制委员会根据各代表团的审议意见，向主席团提出报告和草案修改稿。地方人大法制委员会

---

〔1〕 全国人民代表大会议事规则第 26 条。
〔2〕 全国人民代表大会议事规则第 27 条。
〔3〕 全国人民代表大会常务委员会议事规则第 23 条。

在审议法规草案的时候，也会充分听取代表和专家的意见，邀请有关方面的代表和专家列席会议，发表意见。在向主席团汇报时，法制委员会要对重要的不同意见予以说明。主席团审议通过后，再将修改后的法规草案提请大会全体会议表决。[1] 并非所有的议案都能成功立案。没被立案的代表议案，通常会被转为建议、批评和意见。

（三）其他议案的审议过程

对于列入人大会议议程的议案，提案人和有关的专门委员会或工作部门需要向大会提供有关的资料。[2] 对于非法律议案，提案人需要向大会提出关于议案的说明。主席团可以把议案交由各代表团审议，也可以把议案交由有关专门委员会审议，最后根据审议报告由主席团决定是否提请大会进行全体会议表决。[3]

关于全国人大常委会议案，委员长会议可以根据工作需要，委托常委会的工作委员会、办公厅代常务委员会拟订议案草案，并向常委会会议作说明。常委会全体会议在听取议案说明后，再由分组会议审议，并由有关的专门委员会审议。常委会联组会议可以听取和审议专门委员会对议案审议意见的汇报，对会议议题进行讨论。提议案的机关的负责人可以在常委会全体会议、联组会议上对议案作补充说明。[4]

在议案的审议过程中，专门委员会发挥着非常重要的作用。专门委员会审议议案和有关报告时，可以邀请提案人列席会议、发表意见；涉及专门性问题的时候，还可以邀请有关方面的代表

〔1〕《海南省制定与批准地方性法规条例》第19—23条。

〔2〕全国人民代表大会议事规则第24条。

〔3〕全国人民代表大会议事规则第25条。

〔4〕全国人民代表大会常务委员会议事规则第19—22条、第28条、第29条。

和专家列席会议，发表意见。如果必要，专门委员会还可以举行秘密会议。[1]

（四）代表建议、批评和意见

人大代表可以个人或联名向本级人民代表大会提出对各方面工作的建议、批评和意见（以下简称“建议”）。建议与议案有些类似，但两者之间还是存在巨大差异。总体来看，建议和议案主要有五个方面的差异：(1) 在内容属性上，议案所涉及的问题必须是本级人大职权范围内的重大事项，建议则属于对各方面工作的建议、批评和意见。(2) 在提案主体上，议案须由主席团、人大常委会、各专门委员会、本级政府等或是达到法定人数的代表提出；建议则是人大代表个人或团体联合提出。(3) 在处理方式上，议案须由人大审议，或者由大会主席团交有关的专门委员会审议并提出意见，再由大会主席团审议是否提交大会表决或列入人大常委会会议议程；建议则由人大常委会的办事机构交由有关机关和组织研究处理并负责答复代表。(4) 在法律效力上，议案一经人大审议通过即具有一定的法律约束力；建议的承办虽有制度约束，但一般不具有法律效力。(5) 在限定时限上，议案在大会期间提交有截止时间；建议则没有截止时间的限制，会后仍可继续提出。

全国人大代表提出的建议、批评和意见，通常由全国人大常委会交由政府有关机关、组织研究办理，并且对于建议、批评和意见的办理时间也有明确规定。全国人大常委会明确要求办理单位在交办之日起三个月内，最晚不超过六个月，给予代表答复。地方层面的代表建议、批评和意见的办理也类似于全国层面代表

〔1〕 全国人民代表大会议事规则第28条。

建议、批评和意见的办理。

对于办理单位的答复，代表可能满意，也可能不满意。如果代表不满意，代表可以继续提出意见。全国人大代表如果不满意答复，则由全国人大常委会办事机构交由有关机关、组织或者其上级机关、组织再作研究办理，并负责答复。[1] 相比全国人大，地方人大对答复情况的规定更为细致。地方人大代表如果对答复不满意，地方人大则主要承担答复的督促工作。如海南省人大明确规定，代表如果对答复不满意的，不仅可以提出意见，督促有关机关再作研究处理，还要求有关机关必须限期负责答复。[2]

二、审议工作报告、审查国家计划和国家预算

1. 审议工作报告

宪法明确规定，“一府一委两院”由人大选举产生，对人大负责，受人大监督。在全国人大会议上，国务院、最高人民法院、最高人民检察院必须向全国人大作工作报告，并提交大会审议。全国人大常委会作为全国人大闭会期间的常设机关，也是由全国人大选举产生的。因此，在每年一度的人大会议上，全国人大常委会也必须向全国人大汇报一年来的工作。工作报告主要汇报一年来的工作情况，并请求得到批准认可，主要体现的是人大的监督权和重大事项决定权。四类工作报告汇报完毕之后，各代表团组织代表分别审议；审议后召开全体会议，再作出相应的决议。[3]

---

〔1〕 全国人民代表大会议事规则第32条。

〔2〕《海南省人民代表大会代表建议、批评和意见办理工作条例》第27条。

〔3〕 全国人民代表大会议事规则第33条。

全国人大常委会全体会议也要听取国务院及国务院各部、各委员会和国家监察委员会、最高人民法院、最高人民检察院的专项工作报告。常委会全体会议听取工作报告后，可以由分组会议和联组会议进行审议。委员长会议可以决定将工作报告交有关的专门委员会审议，提出意见。常委会认为必要的时候，还可以对工作报告作出决议。[1]

地方人大每年举行会议的时候，地方人大常委会、地方“一府两院”通常需要向会议提出工作报告。四个工作报告经各代表团审议后，再由会议作出相应的决议。为了方便代表审议，有些地方人大还明文规定了要将大会上审议的工作报告提前发给代表，甚至明确规定提前的时间。广东省人大议事规则中明确提出，省人民政府、省人大常委会、省高级人民法院和省人民检察院工作报告一般应于会议举行二十日前发给代表。[2]

2. 审查国家计划和国家预算

对国家计划和国家预算的审查，主要分为两轮：第一轮由全国人大财经委初审，第二轮由全国人大代表审查。具体来看，在全国人大会议举行的四十五日前，国务院必须向全国人大财政经济委员会和有关的专门委员会汇报，上一年度国民经济和社会发展计划执行情况的主要内容与本年度国民经济和社会发展计划草案的初步方案，上一年度中央和地方预算执行情况的主要内容与本年度中央和地方预算草案的初步方案，由财政经济委员会进行初步审查。初审时，应当邀请全国人大代表参加。[3]

在全国人大每年举行会议的时候，国务院再向会议提出关于

〔1〕 全国人民代表大会常务委员会议事规则第33—35条。

〔2〕《广东省人民代表大会议事规则》第8条。

〔3〕 全国人民代表大会议事规则第34条。

上一年度国民经济和社会发展计划执行情况与本年度国民经济和社会发展计划草案的报告、国民经济和社会发展计划草案，关于上一年度中央和地方预算执行情况与本年度中央和地方预算草案的报告、中央和地方预算草案，由各代表团进行审查，并由财政经济委员会和有关的专门委员会审查。[1]

财政经济委员会根据各代表团和有关的专门委员会的审查意见，对国家计划和国家预算进行审查，向主席团提出审查结果报告，主席团审议通过后，印发会议，并将关于上一年度国民经济和社会发展计划执行情况与本年度国民经济和社会发展计划的决议草案、关于上一年度中央和地方预算执行情况与本年度中央和地方预算的决议草案提请大会全体会议表决。[2]

当然，国民经济和社会发展计划、中央预算在全国人大批准后，并非一成不变。在执行过程中，如果必须作部分调整的话，国务院应当将调整方案提请全国人大常委会审查和批准。[3] 国民经济和社会发展五年规划纲要和中长期规划纲要的审查、批准和调整，也同样按照国民经济和社会发展计划审查和批准的程序执行。[4]

地方人大通常要求地方人民政府在人大会议举行前的一个月，就地方国民经济和社会发展计划草案及计划执行情况、预算草案及预算执行情况的主要内容，向人大常委会主任会议汇报，并由主任会议进行初步审查。在人大会议期间，预算委员会根据各代表团的审查意见和省人大常委会主任会议进行初审的意见，

---

〔1〕 全国人民代表大会议事规则第35条。
〔2〕 全国人民代表大会议事规则第35条。
〔3〕 全国人民代表大会议事规则第36条。
〔4〕 全国人民代表大会议事规则第37条。

对省人民政府关于预算草案及预算执行情况的报告进行审查，向主席团提出审查结果报告，经主席团会议通过后，连同关于预算和预算执行情况的决议草案交各代表团审议。[1]

如果批准后的国民经济和社会发展计划、财政预算在执行过程中必须作部分调整，那么地方政府则需要将调整方案提请地方人大常委会审查和批准。[2]

如果工作报告、计划和预算报告在地方人大会议上未获得批准，经主席团决定，责成报告机关限期整改，再授权地方人大常委会审议整改后的工作报告、计划和预算报告，作出相应的决议，向下一次人大会议报告。[3]

三、选举、罢免、任免和辞职

（一）选举和任命

任免权是“一府一委两院”对人大负责的重要体现。“一府一委两院”由人大产生，主要体现为“一府一委两院”的负责人由人大选举任命产生。具体来说，全国人大常委会委员长、副委员长、秘书长、委员的人选，国家主席、副主席的人选，中央军事委员会主席的人选，国家监察委员会主任的人选，最高人民法院院长和最高人民检察院检察长的人选，都由主席团提名。国务院总理和国务院其他组成人员的人选，中央军事委员会除主席以外的其他组成人员的人选，依照宪法的有关规定提名。各专门委员会主任委员、副主任委员和委员的人选，由主席团在代表中

〔1〕《广东省人民代表大会议事规则》第 33 条、第 34 条。
〔2〕《海南省人民代表大会议事规则》第 33 条、第 34 条。
〔3〕《海口市人民代表大会议事规则》第 33 条。

提名。[1] 候选人的提名人应当向会议介绍候选人的基本情况，并对代表提出的问题作必要的说明。[2]

全国人大会议上的选举或任命，采用无记名投票的方式进行，以得票数超过全体代表的半数始得当选或者通过。选举或者表决的会场，设秘密写票处。选举或者表决结果，由会议主持人当场宣布。候选人的得票数，也须公布。[3] 选举和决定任命的具体办法，由大会全体会议通过。[4] 选举或者任命的国家机构组成人员在依照法定程序产生后，需要在主席团的组织下，公开进行宪法宣誓。[5] 对于任免案，全国人大常委会要求提请任命的机关应当介绍被任命人员的基本情况；必要的时候，有关负责人应当到会回答询问。[6]

对于地方人大在选举、任免等人事方面的程序，地方组织法明确规定，地方人大选举本级人大常委会组成人员；选举省长、副省长，市长、副市长等地方政府领导人员；选举本级监察委员会主任、人民法院院长和人民检察院检察长；选举上一级人大代表。其中，选出的检察院检察长，须报经上一级检察院检察长提请该级人大常委会批准。[7] 候选人的提名人应当向会议介绍候选人的基本情况，并对代表提出的问题作必要的说明。地方人大选举，一般采用无记名投票方式。大会全体会议选举的时候，设秘密写票处。选举结果，由会议主持人当场宣布，候选人的得票

〔1〕 全国人民代表大会议事规则第 38 条。

〔2〕 全国人民代表大会议事规则第 39 条。

〔3〕 全国人民代表大会议事规则第 40 条。

〔4〕 全国人民代表大会议事规则第 41 条。

〔5〕 全国人民代表大会议事规则第 42 条。

〔6〕 全国人民代表大会常务委员会议事规则第 21 条。

〔7〕 地方组织法第 11 条。

数也应当公布。[1]

候选人提名，主要有两种方式：一种是主席团提名，另一种是代表提名。代表提名有联名的人数要求，越高层级所需要联名的代表人数越多，越低层级所需联名的代表人数越少。省、自治区、直辖市须三十名以上人大代表书面联名，设区的市和自治州须二十名以上人大代表书面联名，县级须十名以上人大代表书面联名。[2] 主席团提名的候选人人数，每一代表与其他代表联合提名的候选人人数，均不得超过应选名额。提名人应当如实介绍所提名的候选人的情况。

人大常委会主任、秘书长，人民政府正职领导人员，监察委员会主任，人民法院院长，人民检察院检察长的候选人数可以多一人进行差额选举，如果提名的候选人只有一个人也可以等额选举。人大常委会副主任，人民政府副职领导人员进行差额选举。如果提名候选人数符合规定，则由主席团提交代表酝酿、讨论后，直接进行选举。如果提名候选人数多于规定人数，则先举行预选。根据候选人预选中得票情况，确定正式候选人名单，再进行选举。县级以上的地方各级人大换届选举本级国家机关领导人员时，提名、酝酿候选人的时间一般不得少于两天。[3]

选举采用无记名投票方式。代表对于确定的候选人，可以投赞成票，可以投反对票，可以另选其他任何代表或者选民，也可以弃权。地方各级人大选举本级国家机关领导人员，获得过半数选票的候选人人数超过应选名额时，以得票多的当选。如遇票数相等不能确定当选人时，则票数相等的人再次投票，以得票多的

---

〔1〕《海南省人民代表大会议事规则》第 36 条、第 37 条、第 38 条。

〔2〕 地方组织法第 26 条。

〔3〕 地方组织法第 27 条。

当选。[1]

（二）辞职和罢免

全国人大会议期间，全国人大常委会的组成人员，国家主席、副主席，国务院的组成人员，中央军事委员会的组成人员，国家监察委员会主任，最高人民法院院长，最高人民检察院检察长，全国人大专门委员会成员提出辞职的，由主席团将其辞职请求交各代表团审议后，提请大会全体会议决定；大会闭会期间提出辞职的，由委员长会议将其辞职请求提请全国人大常委会审议决定。[2]

全国人大常委会接受全国人大常委会委员长、副委员长、秘书长、常委会委员，国家主席、副主席，国务院总理、副总理、国务委员，中央军事委员会主席，国家监察委员会主任，最高人民法院院长，最高人民检察院检察长辞职的，应当报请全国人大下次会议确认。在全国人大闭会期间，在接受国家机关相关人员的辞职的同时，全国人大常委会也可以在国务院副总理、中央军事委员会副主席、国家监察委员会副主任、最高人民法院副院长、最高人民检察院副检察长中决定国务院总理、中央军事委员会主席、国家监察委员会主任、最高人民法院院长、最高人民检察院检察长的代理人选。[3]

关于罢免，主席团、三个以上的代表团或者十分之一以上的代表，可以提出对全国人大常委会的组成人员，国家主席、副主席，国务院的组成人员，中央军事委员会的组成人员，国家监察委员会主任，最高人民法院院长和最高人民检察院检察长的罢免

---

〔1〕 地方组织法第 28 条、第 29 条。

〔2〕 全国人民代表大会议事规则第 43 条。

〔3〕 全国人民代表大会议事规则第 43 条。

案，由主席团交各代表团审议后，再提请大会全体会议表决；或者由主席团提议，经大会全体会议决定，组织调查委员会，由全国人大下次会议根据调查委员会的报告审议决定。

罢免案要写明罢免理由，并提供有关的材料。罢免案提请大会全体会议表决前，被提出罢免的人员有权在主席团会议和大会全体会议上提出申辩意见，或者书面提出申辩意见，由主席团印发会议。〔1〕代表职务一旦被罢免，其常委会组成人员、专门委员会成员的职务也相应撤销。代表的辞职请求一旦被接受，其人大常委会组成人员、专门委员会成员的职务也相应终止。〔2〕

关于辞职，地方组织法明确规定，县级以上的地方各级人大常委会组成人员和人民政府领导人员，监察委员会主任，人民法院院长，人民检察院检察长，可以向本级人大提出辞职，由大会决定是否接受辞职；大会闭会期间，可以向本级人大常委会提出辞职，由常委会决定是否接受辞职。常委会决定接受辞职后，报本级人大备案。人民检察院检察长的辞职，须报经上一级人民检察院检察长提请该级人大常委会批准。〔3〕

地方层面的罢免案则是由主席团、常委会或者十分之一以上代表联名提出，主要罢免的是本级人大常委会组成人员、人民政府组成人员、监察委员会主任、人民法院院长、人民检察院检察长，由主席团提请大会审议。〔4〕罢免案应当写明罢免理由。被提出罢免的人员有权在主席团会议或者大会全体会议上提出申辩意见，或者书面提出申辩意见。县级以上的地方各级人大提出的

〔1〕全国人民代表大会议事规则第44条。

〔2〕全国人民代表大会议事规则第45条、第46条。

〔3〕地方组织法第32条。

〔4〕地方组织法第31条。

罢免案，由主席团交会议审议后，提请全体会议表决；或者由主席团提议，经全体会议决定，组织调查委员会，由本级人大下次会议根据调查委员会的报告审议决定。

四、询问和质询

（一）询问

主席团、专门委员会、各代表团审议议案和听取“一府两院”有关报告时，国务院以及国务院各部门负责人，最高人民法院、最高人民检察院负责人或者其委派的人员要分别列席参会，听取意见，回答询问，并可以对议案或者有关报告作补充说明。[1] 地方人大审议各类报告时，地方政府应当分别参加会议，听取意见，回答询问，并可对议案或者有关报告作补充说明。

（二）质询

全国人大会议期间，一个代表团或者三十名以上的代表联名，可以书面提出对国务院以及国务院各部门、国家监察委员会、最高人民法院、最高人民检察院的质询案。地方人大须十名以上代表联名，可以对本级政府及所属部门、监察委员会、人民法院、人民检察院提出质询案。

质询案必须写明质询对象、质询的问题和内容。质询案按照主席团的决定交由受质询机关的负责人在主席团会议、有关的专门委员会会议或者有关的代表团会议上口头答复，或者书面答复。在会上答复的，提质询案的代表团团长或者代表有权列席会议，发表意见。如果质询者对答复质询不满意的，可以提出要

〔1〕 全国人民代表大会议事规则第 47 条。

求，经主席团决定，由受质询机关再作答复。在专门委员会会议或者代表团会上答复质询案的，有关的专门委员会或者代表团需要将答复的情况向主席团报告。质询案以书面答复的，受质询机关的负责人应当签署。对于质询案的答复情况，主席团认为必要的时候，可以将答复情况报告印发会议。[1] 质询案在主席团作出处理决定前，提案人要求撤回的，对该案的审议即行停止。[2]

全国人大常委会组成人员十人以上联名，也可以向常委会书面提出对国务院及国务院各部门和国家监察委员会、最高人民法院、最高人民检察院的质询案。质询案也同样必须写明质询对象、质询的问题和内容。质询案由委员长会议决定交由有关的专门委员会审议或者提请常委会会议审议。质询案由委员长会议决定，由受质询机关的负责人在常委会会议上或者有关的专门委员会会议上口头答复，或者由受质询机关书面答复。在专门委员会会议上答复的，专门委员会应当向常委会或者委员长会议提出报告。质询案以书面答复的，也要由被质询机关负责人签署，并印发常委会组成人员和有关的专门委员会。专门委员会审议质询案的时候，提质询案的常委会组成人员可以出席会议，发表意见。[3]

五、特定问题调查委员会

监督法第三十九条明确规定，各级人大常委会对属于其职权范围内的事项，需要作出决议、决定，但有关重大事实不清的，

---

〔1〕 全国人民代表大会议事规则第 48—50 条。

〔2〕《广东省人民代表大会议事规则》第 51 条。

〔3〕 全国人民代表大会常务委员会议事规则第 39—42 条。

可以组织特定问题的调查委员会。全国人大议事规则中也明确规定，全国人大认为必要的时候，可以组织关于特定问题的调查委员会。组织关于特定问题的调查委员会，需要主席团、三个以上的代表团或者十分之一以上的代表联名提议，由主席团提请大会全体会议决定。调查委员会由主任委员、副主任委员若干人和委员若干人组成，由主席团在代表中提名，提请大会全体会议通过。调查委员会可以聘请专家参加调查工作。[1]

特定问题调查委员会进行调查的时候，一切有关的国家机关、社会团体和公民都有义务如实向它提供必要的材料。提供材料的公民要求调查委员会对材料来源保密的，调查委员会应当予以保密。调查委员会在调查过程中，可以不公布调查的情况和材料。[2]

特定问题调查委员会向全国人大提交调查报告。全国人大根据调查委员会的报告，作出相应的决议。闭会期间，全国人大可以授权全国人大常委会听取调查委员会的调查报告，并可以作出相应的决议，报全国人大下次会议备案。[3]

地方人大关于特定问题的调查委员会需要主席团或者十分之一以上代表书面联名提出。调查委员会由主任委员、副主任委员和委员组成，由主席团在代表中提名，提请全体会议通过。调查委员会向本级人大提出调查报告。人大根据调查委员会的报告，作出相应的决议。[4] 调查委员会可以聘请专家参加调查工作。调查委员会在调查的过程中，可以不公布调查的情况和材料。[5]

总体来看，全国层面的人大议事规则与地方层面的人大议事

[1] 全国人民代表大会议事规则第51—52条。
[2] 全国人民代表大会议事规则第53条。
[3] 全国人民代表大会议事规则第54条。
[4] 地方组织法第36条。
[5] 《海南省人民代表大会议事规则》第52条、第53条。

规则在框架架构、主体内容等方面具有非常大的相似性。但在具体内容细节的表述上，地方层面的人大议事规则与全国层面的议事规则存在差异。一方面，地方层面的议事规则在章节条文安排上，并非完全按照全国人大议事规则的结构展开；另一方面，各地对很多事项的规定会结合地方的实际情况进行不同程度的拓展，作出一些具有差异性的规定。

同时，越高层级的人大其议事规则综合性越强，概括性越强；反之，越低层级的人大其议事规则综合性越弱，概括性越弱。高层级的人大议事规则很多条文都是直接吸收了相关法律法规的规定，对议事活动的制度性安排也倾向于概括规定。高层级的人大不会对每项事务详尽规定，而是会留出一定空间，由会议主持人或召集人来决定。其规则内容相对灵活，具有一定的弹性。低层级的人大则需要根据实际情况把议事规则予以细化，通过条文拓展使得议事规则具体清晰，具有很强的操作性，从而保障议事活动高效地开展。

/ 第三章 /

人大会议运作

全国人民代表大会每届任期五年，1954 年全国人大成立以来，至今已是第十四届全国人民代表大会。历史地看，人大会议运作，根据其特点可以概括为五大历史时期，分别为：1954—1957 年初步发展时期；1957—1966 年受挫时期；1966—1976 年瘫痪时期；1976—2012 年恢复与发展时期；2012 年至今进入了新时代，也即持续系统化、制度化和公开化时期。[1] 每一时期，全国人大在基本的会议运作上尽管受到整体政治环境的影响，但除了“文化大革命”的十年，全国人大会议运作上基本保持了延续性。尤其是在改革开放后这四十多年的时间里，全国人大会议运作不断实现规范化、制度化、系统化和创新化发展。

第一节　初步发展时期的全国人大会议运作

这一时期是人大制度初步建立、形成阶段。此期间，一届全国人民代表大会一次、二次、三次会议顺利举办。其中，一届全国人大一次会议的顺利举行，确立了由人民普选人大代表代表人民参政的治国理政模式，标志着以人民代表大会制度为核心的国

---

〔1〕 陈家刚：《中国根本政治制度的运行轨迹：历届全国人大会议比较研究（1954—2008）》，中国社会科学出版社 2019 年版，第 16 页。

家政体的切实确立。这 3 年间的会议制度是通过 1954 年第一届全国人大颁布的《中华人民共和国宪法》、全国人大组织法的相关规定和期间形成的一些会议惯例构成。也是在这个时期，人大会议制度得到初步建立和实践，为后续实践打下基础。

一、1954—1957 年全国人大会议议事制度基础

这一时期全国人大会议议事制度主要来自四个方面：中国人民政治协商会议形成的议事规则和实践惯例、1954 年一届全国人大一次会议通过的《中华人民共和国宪法》《中华人民共和国全国人民代表大会组织法》和在此期间历次会议形成的一些惯例、经验组成。

（一）中国人民政治协商会议第一届全体会议形成的议事规则和实践惯例。1949 年 9 月 21 日—30 日，中国人民政治协商会议第一届全体会议召开。此次会议制定了《中国人民政治协商会议第一届全体会议议事规则》。这个议事规则为之后召开的一届全国人大奠定了会议议事制度的基础。这个议事规则规定，主席团互推常务委员会主席主持会议，全体代表一半以上出席始可宣布开会，出席代表一半以上赞成或反对始得成立决议；赞成与反对数相同时决议成立与否取决于主席；一般决议表决通过举手表决的方式进行表决，重大议案或争论比较多的决议，经由主席决定，可以采用站立表决的方式进行表决；三名代表连署可提出议案；代表有表决权，候补代表有发言权无表决权。该议事规则同时还对代表发言时间、次序、次数等作了规定。中国人民政治协商会议第一届全体会议期间的每次全体会议由执行主席（每次五人）轮流主持。会议安排了大会发言和分组讨论，设有提案审查

委员会。这些都为一届全国人大会议运作提供了非常宝贵的经验。

（二）1954 年通过的《中华人民共和国宪法》。1954 年第一届全国人民代表大会第一次会议通过的《中华人民共和国宪法》（以下简称“五四宪法”）确立了人民民主的原则。而人民民主在国家生活中的体现就是人民代表大会制度：人民选举产生人大代表，组成各级人大，各级人大产生各级政府，政府必须向人大负责和报告工作。人民有权监督和撤换不负责任的人大代表。这一基本原则的确立，为全国人大会议运作提供了坚实的合法性基础。

（三）1954 年通过的《中华人民共和国全国人民代表大会组织法》。1954 年 9 月 20 日第一届全国人民代表大会第一次会议通过的《中华人民共和国全国人民代表大会组织法》对全国人大会议的召集、组织机构、运作流程、代表发言、表决方式等关键环节作出了规定。

（四）同时期全国人大历次会议形成的实践惯例和经验。这一时期，全国人大通过历次会议积累了相应的实践惯例和经验，譬如开幕式、分组讨论、以举手表决为主的表决方式等。这些都为全国人大会议运作奠定了相应的非正式制度基础。

二、1954—1957 年全国人大会议会前阶段运作

（一）人大代表选举。1953 年 3 月 1 日，中央人民政府颁布实施新中国第一部选举法——《中华人民共和国全国人民代表大会及地方各级人民代表大会选举法》。该选举法确立了选举权平等、普遍原则，确立了直接选举和间接选举并行的选举模式，规定代表参加人大会议无记名投票和举手表决并用。此外，代表候选人提名采用等额方式在此期间得到确立。在此基础上，1953 年

7 月—1954 年 5 月，第一次在全国范围内开展了基层人大代表选举。此次选举，2.78 亿名登记选民参与投票，选出基层人大代表 5669144 人。同年 6 月—7 月，按照中央政府和政务院的部署，全国范围内省辖市、中央直辖市的区、县和县一级单位召开了人民代表大会，选举省级人大代表 1.688 万人。7 月底至 8 月中旬，各省、直辖市和自治区召开了人民代表大会，选举全国人大代表 1136 人；与此同时，解放军召开的军人代表大会、华侨事务委员会举行的侨务扩大会议分别选举全国人大代表 60 人和 30 人。

（二）代表小组会议前研究会议准备事项。全国人大代表按照选出代表的选举单位组成代表小组。在全国人大会议举行前就会议的准备事项交换意见。

（三）会前实行预备会议。一届一次会议、二次会议召开之前没有进行预备会议。但从一届全国人大三次会议开始，正式会议之前都要召开预备会议。但是，在此期间全国人大预备会议会期和议程尚不具备明确的制度性和固定性。会期短的只有 1 日，长的 7 日。

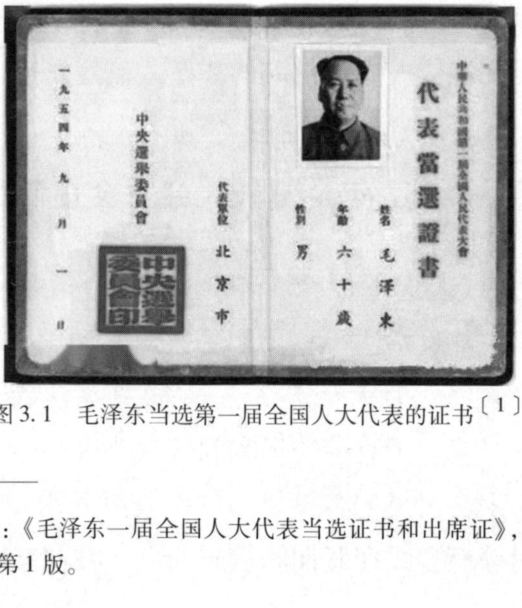

图 3.1 毛泽东当选第一届全国人大代表的证书[1]

〔1〕 付世魁：《毛泽东一届全国人大代表当选证书和出席证》，《中国档案报》，2015 年 3 月 13 日第 1 版。

三、1954—1957 年全国人大会议运作基本情况

（一）举办时间

一届全国人大任期是从 1954 年 9 月至 1959 年 4 月。在此期间的 1954 年至 1958 年，每年举行一次全国人大会议，没有间断。1957 年之前，举行了全国人大一届一次、二次、三次会议。

（二）参会代表

全国人大代表是否具有广泛代表性直接关系到社会主义政权的群众基础与合法性。

一届全国人大代表 1226 人，其中，共产党员代表占 54. 5%，工人代表占 8. 16%，解放军代表占 4. 89%，归国华侨代表占 2. 45%，农民代表占 5. 14%，少数民族代表占 14. 44%，妇女代表占 11. 99%。会议代表中包含了从戊戌变法至中华人民共和国成立后，参与和见证中国诸多关键历史事件和历史环节的政治社会活动家。历史地看，这次会议是中国历史几千年来第一次广泛地将中国不同阶层、不同党派、不同区域、不同民族的人士予以广泛代表、吸纳和团结的大会。有了这样广泛的代表性，这个代表大会会议所讨论和决定的一切，就将完满地表达全国人民的意志，恰当地照顾到不同地区和不同民族的历史特点，照顾到不同阶级和不同阶层的特殊利益和要求。这就使得我们的全国人民代表大会和其他一切国家机关能够更广泛更巩固地团结全国人民，胜利地完成建设社会主义社会的伟大事业。[1]

一届全国人大一次会议报到代表 1211 人，实际到会代表

---

〔1〕《人民日报》社论：《中国人民民主制度的新阶段——庆祝中华人民共和国第一届全国人民代表大会第一次会议开幕》，1954 年 9 月 15 日第 1 版。

1141人。二次会议参会代表共1105人。三次会议参会代表1041人。

（三）会议运作的组织结构

一届全国人大开会期间，大会主席团是会议领导机构，主席团下设秘书处、专门委员会和代表小组。其中，秘书处为大会提供服务。专门委员会由相关领域专业人士组成，主要功能是能够为大会和常委会提供专业领域的服务。根据“五四宪法”，当时的专门委员会包括民族委员会、法案委员会、预算委员会、代表资格审查委员会。其中，民族委员会和法案委员会是常设机构，在全国人民代表大会闭会期间，受全国人大常委会领导。各代表小组是以选举单位为基础，在会议期间对大会议案进行审议和发表意见。

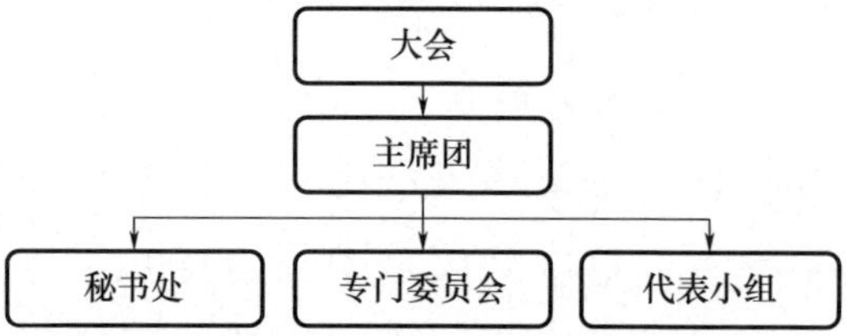

图3.2　一届全国人大会议期间的组织结构[1]

（四）会议议程

历史地看，全国人大历届历次会议核心议题和议程都是与当时中央核心工作及国家经济社会发展的核心战略、核心任务相一致。但在另一方面，全国人大历届历次会议的议程必然也与其权力机关的职责相联系。一届全国人大会议实践基本上将“审议通过政府工作报告”“审查和批准国家决算和预算”“通过全国人

〔1〕　陈家刚：《中国根本政治制度的运行轨迹：历届全国人大会议比较研究（1954—2008）》，中国社会科学出版社2019年版，第57页。

大常委会工作报告”等作为会议的例行议程。

1. 一届全国人大一次会议议程

一届全国人大一次会议以“国家政权建设”为核心主题，所肩负的历史任务和产生的历史意义十分巨大，其召开标志着人民代表大会制度作为中国根本政治制度的确立。此次会议于 1954 年 9 月 15 日—28 日在北京举行。

此次会议的主要议程是：通过《中华人民共和国宪法》；通过全国人大、国务院、人民法院、人民检察院组织法及地方各级人大和地方各级人民委员会组织法；通过政府工作报告；选举新的国家领导人员；通过第一届全国人民代表大会民族委员会、法案委员会和预算委员会的主任委员和委员人选。

2. 一届全国人大二次会议议程

一届全国人大二次会议于 1955 年 7 月 5 日—30 日在北京举行。本次会议以“经济和国防建设”为主题。主要议程是：决定发展国民经济的第一个五年计划；审查和批准国家决算和预算；制定兵役法；通过关于治理黄河规划的决议；通过全国人大常委会的工作报告。其中，审查和批准国家决算和预算、通过全国人大常委会的工作报告从本次会议起成为人大年度会议的例行议程。

3. 一届全国人大三次会议议程

一届全国人大三次会议于 1956 年 6 月 15 日—30 日在北京举行。会议的核心议题是“经济建设”。会议的主要议程是：审议和批准 1955 年国家决算和 1956 年国家预算；讨论和通过高级农业生产合作社示范章程；讨论和通过全国人大常委会的工作报告。其中，“讨论和通过高级农业生产合作社示范章程”是此次会议的一项焦点议程，不少代表论证了高级社的优越性，认为它标志着合作化运动的高潮。[1]

（五）会议期间运作特点总结

1. 会期和会议时间尚未固定，但基本形成每年开一次全国人大会议和会前召开预备会议的惯例。三年间，全国人大连续每年召开会议。一届全国人大三次会议正式会议开始之前建立了预备会议制度。这两点实践看似简单，但客观上为之后全国人大多年会议运作开启了惯例性的运作机制。结合新中国成立初期整体上比较昂扬向上的政治氛围，全国人大每年召开会议，对于当时的社会各阶层而言也是一种正向政治能量，激励民众更加积极投身于国家建设中去。

2. 大会主席团、主席团会议制度基本确立。人大开会时设立主席团，是仿照苏联的做法。按照1954年《中华人民共和国全国人民代表大会组织法》，全国人大在会议开始的时候，选举本次会议的主席团和秘书长，通过会议议程。主席团的主要任务是主持全国人大会议（通常由主席团执行主席主持）。主席团常务主席召集并主持主席团会议。

一届全国人大一次会议1954年9月15日的全体会议选举产生由毛泽东、王崇伦、司徒美堂、朱德、朱德海、何香凝、吴玉章等97人组成的大会主席团，选举李维汉为秘书长。

一届全国人大二次会议推选刘少奇、宋庆龄、林伯渠、李济深、沈钧儒、黄炎培、郭沫若、陈叔通、彭真为大会主席团常务主席，彭真为秘书长。

一届全国人大三次会议推选刘少奇、宋庆龄、林伯渠、李济深、沈钧儒、黄炎培、郭沫若、陈叔通、彭真、罗荣桓、赛福

---

〔1〕 中华人民共和国第一届全国人民代表大会第三次会议秘书处编：《中华人民共和国第一届全国人民代表大会第三次会议汇刊》，人民出版社1956年版，第576页。

鼎·艾孜则、李维汉为大会主席团常务主席，彭真为秘书长。

3. 代表大会发言和分组讨论初步形成机制性运作。首先，这一段时间形成了人大代表在全体会议上发言和分组讨论的机制。在一届全国人大一次、二次、三次会议上，分别有164名、147名和163名代表发言。

4. 提案和提案审查初步实践。在此期间，全国人大会议设立了提案审查委员会[1]，对人大代表提出的提案进行审查。一届全国人大五次会议代表共提出753件提案。

5. 专门委员会制度实践初显雏形。根据“五四宪法”和全国人大组织法，全国人大设立民族委员会、法案委员会、预算委员会、代表资格审查委员会和其他需要设立的委员会。民族委员会、法案委员会是常设机构，人大闭会期间协助全国人大常委会工作。

此外，比较有特点的是，一届一次会议致有开幕词，但表决方式不固定，一届一次会议和三届一次会议选举和决定国家机构领导人采用无记名投票方式。其他议程以举手表决为主。可以说，从1954年9月至1957年上半年，这三年全国人大会议运作较为活跃和逐渐规范化，每年开会、代表积极发言参与等影响人大会议运作的重要因素，在这一时期基本得到实践，但并未形成基本运作机制。这一阶段人大的会议运作只能说处于初步探索阶段。

---

〔1〕 提案审查委员会一般划分为工业、农业、财贸、文教、综合5个专业审查组。

第二节　受挫时期的全国人大会议运作

从1957年下半年至1966年，伴随反右派斗争及“大跃进”“文化大革命”的进行，国家正常的政治生活逐步遭到破坏，全国人大及其常委会工作难以顺利开展。这一时期，全国人大会议运作不可避免遇到种种障碍。但值得关注的是，在这一时期，作为象征国家基本政治特色和制度特征的全国人大，在逐步极端化的政治氛围里，并不是一下就被否定和边缘化的。客观讲，在此阶段，全国人大会议运作依旧有一些可圈可点之处，但最终由于整体大环境而走向混乱与停滞。这一时期，全国人大共举行了7次会议。分别为：一届全国人大四次会议、一届全国人大五次会议、二届全国人大一次至四次会议、三届全国人大一次会议。其中，1961年、1965年没有举行会议。

一、会议运作制度依然存在但逐步被轻视

这一时期全国人大会议运作制度依托于上一阶段制定的“五四宪法”、全国人大组织法，以及实践形成的惯例。这一阶段，全国人大对会议运作制度有坚守，但囿于整体政治环境的改变而逐步轻视这一制度。

首先，全国人大会议每年召开一次会议一开始被保持，后来被迫中断。1965年之前，除了1961年中断，基本上保持每年召开一次人大会议。但1965年后，由于“文化大革命”极左氛围的影响，全

国人大会议被迫中断。

其次，部分会议是在秘密的情况下进行的。在此期间，1962年举行的二届全国人大三次会议由于核心议题是“谈缺点，找问题，统一思想”，所以秘密召开。接下来，二届全国人大四次会议则因为中苏关系恶化大背景讨论“自力更生”而秘密进行。二届全国人大五次会议也因为要鼓励代表对国家各项工作进行批评而秘密进行。客观讲，在当时的历史大环境下，囿于国内外政治形势而要求全国人大会议以秘密的方式举办，有一定合理性。但是，这种现象从另一方面也体现了全国人大会议运作在当时并没有将人民民主要求的公开透明作为核心原则去实践和坚守。

二、会前运作阶段：原有实践有延续性发展，但未形成固定运行机制

这一阶段，全国人大会议会前运作在前一阶段实践基础上有延续发展，但未能形成固定运行机制。

一是代表选举持续进行，但时间不确定。1958 年 5 月—10 月进行了第二次全国范围内县乡、市级、省级和全国人大代表选举。二届全国人大代表人数和一届全国人大代表人数相同。由于行政区划的变动，选举单位由之前的 45 个变为 31 个，但事实上各个选举单位分配到的代表名额人数是没有变化的。二届全国人大代表选举在下一届全国人大举行前一年 12 月底之前完成，但第三届全国人大代表选举却被推迟。1963 年 12 月，二届全国人大四次会议才通过关于三届全国人大代表名额和选举问题的决议。决议要求三届全国人大代表选举要在 1964 年 9 月底之前完成。

二是预备会议形成延续性发展，但会议时间并未固定。尽管从一届全国人大三次会议开始，正式会议之前都要召开预备会

议。但每次会议开幕时间不固定，从2月到12月都有。一届四次、二届一次、二届三次、二届四次会议召开的时间都是事先确定后又更改延期。

三、会议具体运作：有延续性和创新举措，但变动性和随意性较强

和会前阶段运作一致，这一阶段全国人大会议具体运作在前一阶段实践的基础上有延续。诸如代表选举、代表在会议上发言和分组讨论、代表提案都有制度化延续。在此期间，全国人大还确立了政协委员列席人大会议的工作机制。1959年二届全国人大一次会议上，出席中国人民政治协商会议第三届全国委员会的政协委员列席此次全国人大会议。自此开始，全国政协委员列席全国人大会议的机制得到确立。也是在此期间，全国人大主席团会议的功能得到完善和强化。二届全国人大一次会议上，主席团成员和各代表组组长举行联席会议，根据各代表组讨论结果提出国家机构领导人选名单，通过和决定会议的表决方式。三届全国人大一次会议主席团二次会议通过该次大会的无记名投票办法，规定大会的选举事项采取无记名投票方式。这些都说明，此阶段全国人大会议运作有延续性发展，较之以往在一定程度上形成一些创新举措。但另一方面，由于动员式政治的影响，组织意图在其中影响较大，加之国内外政治环境的影响，导致这一时期全国人大会议具体运作变动性和随意性较强。

（一）代表人数增加，代表性有一定强化，但过于强调组织动员

一方面，从二届到三届全国人大，代表人数有所上升，代表性有一定强化。主要原因在于，全国人大开会的会场——人民大

会堂还没有建好，当时的会场中南海怀仁堂座位有限。从身份看，与一届全国人大相比，二届全国人大共产党员代表、女性代表和少数民族代表所占比例比一届全国人大有所提升，分别为57.75%、12.2%和14.7%。二届全国人大一次会议出席代表1222人，二次会议、三次会议和四次会议出席代表皆为1072人。

三届全国人大代表人数3097人，比一届、二届人数高出2倍多。但与一届、二届比，共产党员代表比例有所降低，占比54.83%。究其原因，除了会场限制问题得到解决（会场从中南海怀仁堂转到建好的人民大会堂），更重要的是，当时当选人大代表被看作是一种政治荣誉。为了使各个战线上涌现出的大批各民族优秀人物能够被选入全国人民代表大会，应当增加各方面的代表，并且有些二届全国人大代表将连任，需要扩大代表名额。按照大会决议的说法，第三届全国人民代表大会代表的名额扩大以后，将会使国家最高权力机关更好地反映我国各族人民在社会主义革命和社会主义建设中的新面貌，更好地在国家政治生活中发扬民主，加强民主集中制，巩固人民民主专政，更好地团结全国各族人民，调动一切积极因素，争取社会主义事业的新胜利。

（二）会议议程的随意性在此期间体现较为明显

这一时期举行的七次会议中，会议议程安排逐步随意化，一些本应该有的例行议程在二届、三届全国人大会议中缺失。这集中体现了这一时期全国人大会议运作的非规范化。

1. 一届全国人大四次、五次会议议程

（1）一届全国人大四次会议议程

第一届全国人民代表大会第四次会议于1957年6月26日—7月15日在北京举行。会议的核心主题是反右派斗争。会议的主要议程是：审议政府工作报告等几个报告；通过全国人大常委会工作报告；通过成立广西、宁夏自治区的决议；讨论下一届全国人大代表的选举问题。

政府工作报告是此次会议的第一个也是最为重要的报告。该报告大篇幅地总结和梳理了社会主义改造和社会主义建设的成就，通过摆事实、讲道理驳斥了右派言论，为本次会议奠定了主基调。在后续的会议中，大部分代表的发言都围绕对右派言论的批判和鞭挞展开。

（2）一届全国人大五次会议议程

一届全国人大五次会议于1958年2月1日—11日在北京举行。会议主题是“大跃进”。会议的主要议程是：审查和批准1958年国家预算；决定1958年度国民经济计划；批准汉语拼音方案；通过全国人大常委会的工作报告；通过代表资格的审查报告。审查和批准1958年国家预算、决定1958年度国民经济计划是本次会议的首要议题。在“大跃进”的影响下，不仅代表纷纷发言支持“大跃进”，其间，《人民日报》也连续发表社论，继续批评右倾保守思想。这种氛围下，会议在审查和批准1958年国家预算和国民经济计划基础上，还对1957年国家预算执行情况进行了审查和批准。此外，本次会议审议和通过关于调整国务院所属组织机构的决定，关于汉语拼音方案的决议，关于将直辖市天津市改为河北省省辖市的决议，关于中国科学院院长、副院长任免问题的决议。根据大会主席团的提名，会议还对全国人大常委会副委员长、常委会委员、全国人大民族委员会委员、法案委员会委员及预算委员会委员进行了补选，对外交部、粮食部、水利电力部、石油工业部等部委部长进行了任命。

2. 二届全国人大一次至四次会议议程

相对于一届全国人大，二届全国人大的四次会议议程相对不完整。听取和审议的内容有欠缺。二届全国人大三次、四次会议未听取和审议最高人民法院、最高人民检察院的工作报告。二届全国人大四次会议未听取和审议政府工作报告。二届全国人大三次会议，国民经济计划和财政预算报告没有提交大会审议。

（1）二届全国人大一次会议议程

二届全国人大一次会议于1959年4月18日—28日在北京举行。当时国家处在“大跃进”的高潮时期，因此此次会议的核心主题依旧是“大跃进”。大会开幕当日，《人民日报》发表社论《团结的大会，跃进的大会》，其中指出：只要我们既有轰轰烈烈的革命干劲，又有踏踏实实的工作作风；既有完成计划的充分信心，又有切实可靠的具体措施，那末，我们就一定能在1959年再赢得一个大跃进。〔1〕在此背景下，此次会议除了例行议程——通过全国人大常委会的工作报告，首要议程是听取政府工作报告，决定1959年国民经济计划，审议和批准1958年国家决算和1959年国家预算。此外，会议议程还包括：选举、任命国家领导人〔2〕；审议和通过关于撤销司法部和监察部的决议、关于西藏问题的决议。

（2）二届全国人大二次会议议程

1960年3月30日—4月10日，二届全国人大二次会议在北京召开。当时的阶段，国内对“大跃进”政策尽管有争议，有识之士发出“纠左”呼声，但在反右派斗争口号的加持下，国民经济领域继续加码，延续“大跃进”口号。因此，此次会议的主题

〔1〕《人民日报》社论：《团结的大会，跃进的大会》，《人民日报》1959年4月18日，第1版。

〔2〕会议选举刘少奇为中华人民共和国主席，宋庆龄、董必武为副主席，朱德为全国人大常委会委员长；决定周恩来为国务院总理。

是“继续大跃进”。

此种背景下，会议主要议程包括：审议和批准1960年国民经济计划，1959年国家决算和1960年国家预算的决议；审议和批准中共中央书记处书记、国务院副总理谭震林“为提前实现全国农业发展纲要而奋斗”的报告。此外，会议还通过了全国人大常委会工作报告的决议和提案审查委员会的提案审查意见。

但这次会议没有听取和审议政府工作报告，仅听取了周恩来总理就国家形势和中国对外关系问题的讲话。这是自一届全国人大召开以来的第一次。

（3）二届全国人大三次会议议程

二届全国人大三次会议于1962年3月27日—4月16日在北京举行。此时期，中国面临的国际、国内局势变得严峻，使这次会议核心主题和议程具有鲜明特点。尤其是国际层面除了受到以美国为首的西方国家的封锁，中苏关系也处于敏感时期。当时中苏关系恶化，苏联撤走了援华专家，废除了科技合作，断绝了关键领域设备供应。1962年，中印两国还爆发了边界冲突。国内层面，三年自然灾害，严重影响了国内政治经济社会的发展。

会议的首要议程是听取和通过周恩来总理作的政府工作报告。但值得关注的是，政府工作报告分为国际形势和中国对外政策、国内形势和我们的任务两部分，对当时中国对外关系总路线、各项具体政策作出了详尽阐述。会议期间，外交部向大会分发了1960年12月中国和印度两国关于边界问题的报告、中印两国政府交换的22件照会。此外，会议还审议批准了全国人大常委会的工作报告和预算委员会的审查报告；审议和通过了提案审查委员会的提案审查意见和代表资格审查委员会关于补选的代表资格审查报告。

这次会议没有听取和审议最高人民法院、最高人民检察院的工作报告，也没有听取和审议国民经济和财政预算报告。

（4）二届全国人大四次会议

二届全国人大四次会议于 1963 年 11 月 17 日—12 月 3 日在北京举行。当时中国国际和国内层面都面临严峻挑战。国际层面，除了美国的封锁压力，中苏关系依然没有和解。国内层面，“大跃进”和三年自然灾害对国家经济社会发展形成的负面影响整体呈现。在这种情况下，如何从政治和文化层面教育民众，防止资本主义侵蚀，团结一致全面推进社会主义建设，成为摆在党和政府面前的一个非常重要的任务。这种背景下，此次会议的核心主题是“团结奋斗，实现国民经济全面大跃进”。

会议的议程是：审议和通过关于 1963 年国民经济计划和 1964 年国民经济计划、1963 年国家预算和 1964 年国家预算初步安排的决议；审议和通过关于第三届全国人大代表名额和选举问题的决议；审议和批准全国人大常委会副委员长兼秘书长彭真作的“关于第三届全国人大代表名额和选举问题的说明”；审议和批准了全国人大常委会工作报告；审议和通过预算委员会关于国家预算的审查报告，提案审查委员会的提案审查意见。此次会议没有听取和审议国务院工作报告和最高人民法院、最高人民检察院工作报告，这是目前全国人大历史上唯一一次没有听取审议这三个报告的大会。

但值得关注的是，在会议闭幕前一天 12 月 2 日的会议上，周恩来总理就当时面临的国内外形势和任务作了讲话，并且解答了代表在讨论中提出的问题。

3. 三届全国人大一次会议议程

由于“文化大革命”的影响，三届全国人大只召开了一次会议，即三届全国人大一次会议。这也使得三届全国人大成为新中国成立以来任期最长的一届，任期从 1964 年跨越到 1975 年。此次会议于 1964 年 12 月 21 日—1965 年 1 月 4 日举行。此次会议召开时，国内政治氛围已有了阶级斗争和文化革命的气息。在当时的政治氛围下，此次会议的核心词可以被概括为“团结、革命和奋斗”。

会议的主要议程包括：听取和通过关于政府工作报告的决议、关于 1965 年国民经济计划主要指标和 1965 年国家预算初步安排的决议，关于全国人大常委会工作报告的决议，关于最高人民法院和最高人民检察院工作报告的决议；进行国家领导人的换届选举。

值得关注的是，国务院总理周恩来所作的政府工作报告首次提出“在不太长的历史时期内，把我国建设成为一个具有现代农业、现代工业、现代国防和现代科学技术（即‘四个现代化’）的社会主义强国”。

（三）会议开幕时间、会期以及会议表决方式的变化也能够体现上述特点

这一时期会议召开尽管有一定延续性，但是开幕时间相对并不固定，有时是年初召开，有时是年中召开，有时是年底召开。会议的会期也不固定，最长的时间有 19 天，短的有 12 天。

在能够体现人大会议运作严谨性和民主化程度的表决环节，1958 年之后，鼓掌表决方式逐步演变为举手和无记名投票的表决方式。这一变化也集中说明全国人大会议运作在此期间随意性的强化。

第三节　瘫痪时期的全国人大会议运作

“文化大革命”开始后，伴随国家政治、经济社会发展进入无序状态，人大制度也陷入停摆状态。1966—1976 年，全国人大只在 1975 年召开了一次会议，即 1975 年 1 月召开的四届全国人大一次会议。

第四届全国人大任期从 1975 年至 1978 年。共有代表 2885 人。1975 年 1 月 13 日—17 日在北京召开的四届全国人大一次会议是四届全国人大唯一一次会议。这次会议是有史以来会期最短的一次会议，只有 5 天。四届全国人大常委会在粉碎“四人帮”之前也只开了两次会议。

此次会议是在极其保密的情况下召开的。代表不是经过选举产生，而是由各省、市、自治区革委会和军队系统推选，或者通过组织指定或特邀。整个过程要求严格保密。预备会议〔1〕和正式会议议程、日程、举办地点等信息一律严格保密。会议闭幕的晚上，当晚的中央人民广播电台的广播中对此次会议胜利闭幕作出了报道，会议才向民众公开。

四届全国人大一次会议的参会代表共 2864 人，其中工农兵代表占 72%。参加此次会议的港澳人大代表是第一次整批参会。

四届全国人大一次会议的主要议程是修改宪法、听取政府工作报告、选举和任命国家领导人员。没有审议“两高”报告和计

〔1〕 有的地方预备会议就是“代表学习班”：以学习班的形式把代表召集到一起，会上代表学习，进行自我批判。

划、财政报告。根据当时参会代表回忆，1 月 12 日发布的大会日程安排是：

13 日晚，举行第一次大会，听取政府报告。

14 日、15 日，召开各代表团会议，讨论政府工作报告和修改宪法。

15 日晚，召开主席团会议，说明讨论情况，并通过各项人选名单。

16 日，召开各代表团会议，讨论各项任命和选举。

17 日下午或晚上，举行第二次大会，通过各项决议和人选。[1]

会上，周恩来总理抱病作政府工作报告[2]。在报告中，周总理重申了发展国民经济的两步设想：第一步，在 1980 年以前，建成一个独立的比较完整的工业体系和国民经济体系；第二步，在本世纪内，全面实现农业、工业、国防和科学技术的现代化，使我国国民经济走在世界的前列。

会议任命周恩来为国务院总理，邓小平、李先念、陈锡联、纪登奎、华国锋、陈永贵、吴桂贤（女）、王震、余秋里、谷牧、孙健等人为国务院副总理。这一任命打破了“四人帮”组阁的阴谋。但值得寻味的是，在人事任命的酝酿环节，对候选人，只有一张名单，并无任何简历。

此次会议修改通过的“七五宪法”强调“继续革命”“全面专政”等极左路线，否定“民主”，把专政绝对化。在这种思想的指导下，“七五宪法”将国家主席的职权改由全国人大常委会、

---

〔1〕 吴康民：《走秘密通道的四届全国人大一次会议》，中国人大网，http://www.npc.gov.cn/npc/c16115/201303/68b131be86634ebe8f71639038f804c7.shtml。

〔2〕 由于身患重病，周总理在会上只念了报告的开头和最后一段。

中共中央主席、中共中央委员会共同行使，以根本法的形式确认了党政不分，国家机构间的合理分工被打乱，全国人大的职权被变相削弱。

此次会议，除了开幕和闭幕两次大会，就是次数不多的几次各省市代表团会议。没有对宪法和政府工作报告进行分组讨论。

历史地看，此次会议是一个具有转折意义的大会。一方面，此次会议上，主导国家建设的稳健派领导在人事安排领域占据了优势。尽管“革命”依旧是此次会议的主导词，但会议在人事安排层面并未让当时在政治上占据主导话语权的“四人帮”获得优势。这导致了会后不长的时间里，他们便开始兴风作浪，持续大搞批林批孔，制造“批邓反击右倾翻案风”。另一方面，会议响应了国内外挑战形势下对国民经济快速发展的迫切要求，贯彻执行抓革命、促生产、促工作、促战备的方针，独立自主，自力更生，艰苦奋斗，勤俭建国，争取提前完成国民经济计划，为把我国建设成为社会主义的现代化强国而努力。[1] 这个目标的提出具有承上启下的历史意义。而对于人大制度本身，此次会议的召开无论有多少不尽如人意的地方，但终究一定程度上恢复了人民代表大会这一国家权力机关的运行，使我国政治体制正常化运行迈出了关键一步。

〔1〕《中华人民共和国第四届全国人民代表大会第一次会议新闻公报》，《人民日报》1975 年 1 月 19 日，第 1 版。

第四节　恢复发展时期的全国人大会议运作

1976 年“文化大革命”结束后，国家政治秩序逐步回归正常。四届全国人大一次会议闭幕两年后的 1978 年，党的十一届三中全会召开，全国人大制度建设进入新阶段。同年，五届全国人大一次会议召开。从这次会议起，全国人大会议运作逐步恢复常态化和有序化。1976—2012 年，全国人大历经五届全国人大到十一届全国人大，全国人大会议运作逐渐恢复并不断精细改进，逐步走向规范化和制度化。

一、1976—2012 年全国人大会议运作制度逐步恢复和规范化

这一时期，全国人大会议运作制度逐步恢复，并渐进走向规范化。在 1978 年 12 月中共中央工作会议闭幕会上，邓小平同志指出，民主是解放思想的重要条件，强调必须要有充分的民主，才能做到正确的集中。这为人大民主实践奠定了思想基础。在这一历史阶段，人大会议运作的制度不断完善，趋于精细化和规范化。其基础主要建立在这期间通过的五个重要法律和制度文件上，即 1982 年五届全国人大五次会议修改通过的宪法和全国人大组织法；1979 年通过，1982 年、1986 年修改的《中华人民共和国全国人民代表大会和地方各级人民代表大会选举法》；1989 年七届全国人大二次会议审议通过的《中华人民共和国全国人民

代表大会议事规则》；1992 年七届全国人大五次会议审议通过的《中华人民共和国全国人民代表大会和地方各级人民代表大会代表法》。

（一）1982 年宪法。1982 年五届全国人大五次会议修改通过的宪法明确把“公民的基本权利和义务”放在“国家机构”之前，意在表明“人民授权国家机关掌握和运行国家权力”，明确规定，“人民行使国家权力的机关是全国人民代表大会和地方各级人民代表大会”“全国人民代表大会和地方各级人民代表大会都由民主选举产生，对人民负责，受人民监督”“国家行政机关、审判机关、检察机关都由人民代表大会产生，对它负责，受它监督”。此次修宪还明确和强化了全国人大常委会的立法职能，规定全国人大常委会有立法权，人大闭会期间，可以对人大制定的基本法律进行修改或补充。这些规定在很大程度上强化了全国人大的职能，对人民代表大会制度进行了完善和发展。

“八二宪法”在此期间经历了 3 次修改。经过 1993 年八届全国人大一次会议、1999 年九届全国人大二次会议、2004 年十届全国人大二次会议修改。1993 年修改后的宪法从更加全面系统和与时俱进的维度强化了民主和法治在中国政治发展中的重要地位。1999 年的修改，将“实行依法治国，建设社会主义法治国家”作为一项基本治国方略写进宪法。2004 年修改后的宪法对全国人大代表产生方式、全国人大常委会的权力予以完善。

（二）《中华人民共和国全国人民代表大会和地方各级人民代表大会选举法》。1979 年 7 月，五届全国人大二次会议通过了新的选举法。1993 年之前，该法于 1982 年、1986 年进行了两次修改。新的选举法将人大代表直接选举扩大到县一级，选民三人以上附议可以提名候选人，差额选举，无记名投票。同时结合现实情况，对代表名额、选民登记、确定和介绍候选人的方式等进行了修改和规定。选举法的修改加强了人民对国家权力机关的参与和监督，从代表层面为全国人大会议运作提供了民主法制保障。

这一阶段，选举法还经历了1995年、2004年、2010年三次修改。1995年的修改确定了地方各级人大代表的名额，统一代表与人口数的比例（全国人大代表中农村每一代表与城市每一代表所代表的人口数从原来的8：1修改为4：1）。2004年的修改恢复了直接选举中的预选环节，并规定在候选人介绍环节"选举委员会可以组织代表候选人与选民见面，回答选民的问题"，强化了候选人和选民之间的交流互动。2010年的修改明确了城乡按相同人口比例选举人大代表。

（三）1982年《中华人民共和国全国人民代表大会组织法》。1982年12月10日第五届全国人民代表大会第五次会议通过了新的《中华人民共和国全国人民代表大会组织法》。与1954年的版本相比，1982年全国人大组织法更加具体化和制度化，明确和细化了会议的流程和机构职能，例如，进一步将大会正式会议之前举行预备会议建制化，对大会会议期间各代表团的组成予以明确，对大会主席团职责，代表提出议案、建议的流程、审议议案程序等予以明确，对人大会议人事选举提名和罢免程序进一步明确，对专门委员会职权和人员构成予以明确。与此同时，增加了大会期间质询的程序和工作流程，调整了代表资格审查委员会的设置。这样，伴随改革开放的春风，全国人大会议制度有了更加完备、严密的制度支持。

（四）《中华人民共和国全国人民代表大会常务委员会议事规则》《中华人民共和国全国人民代表大会议事规则》《全国人

民代表大会会议工作程序》。1987年六届全国人大常委会第二十三次会议通过的全国人大常委会议事规则和1989年七届全国人大二次会议通过的全国人民代表大会议事规则，对全国人大会议运作形态、工作程序进行了细化和制度化。最初通过的全国人大常委会议事规则共5章34条，对会议的召开、议案的提出和审议、听取和审议工作报告、质询、发言和表决的具体工作流程予以明确。尤其是经过充分讨论后，全国人大常委会议事规则专列了“质询”一章，规定：在常务委员会会议期间，常务委员会组成人员十人以上联名，可以向常务委员会书面提出对国务院及国务院各部、各委员会和最高人民法院、最高人民检察院的质询案。还对被质询部门回复质询进行了规定。这体现了全国人大常委会议事过程中对民主的重视和发扬。1989年全国人民代表大会议事规则共7章54条，对会议的举行、议案的提出和审议，审议工作报告、审查国家计划和国家预算，国家机构组成人员的选举、罢免、任免和辞职，询问和质询、调查委员会、发言和表决的流程和具体程序进行了明确。可以说，这两个议事规则的颁布实施为全国人大会议议事民主化、科学化和效率提高提供了保障，为其会议运作的系统化、制度化、规范化提供了坚实的法律基础。

2005年8月，《全国人民代表大会会议工作程序》经全国人大常委会委员长会议通过，从具体工作程序和工作机制层面为全国人大会议运作提供了具体保障。这些都体现了全国人大议事制度建设的与时俱进和人大会议透明性、公开性和科学性的强化。

（五）1992年《中华人民共和国全国人民代表大会和地方各级人民代表大会代表法》。1992年4月，七届全国人大五次会议通过了代表法。代表法共6章44条，对各级人大代表职务的性质、地位、内涵和在本级人大会议期间的工作、闭会期间的活动、履职保障、对代表的监督等予以系统明确规定。这项法律的通过和实施对各级人大代表依法行使代表职权提供了基本保障。

伴随经济社会发展，人大代表在国家政治生活中实质作用的发挥成为影响人大制度发展的重要因素。代表对自身代表身份的认知、履职的主动性和充分性、履职方式的切实有效和相关政府部门、政治团体对代表作用发挥的认知和保障问题，都直接影响人大代表作用的充分发挥。2010 年 10 月 28 日，十一届全国人大常委会第十七次会议通过了修改后的代表法，对人大代表的权利、义务和职务保障作了进一步明确，细化了代表履职规范，强化了对人大代表的履职监督。

（六）立法法、监督法颁布实施。2000 年 3 月 15 日，九届全国人大三次会议通过《中华人民共和国立法法》。立法法对全国人大和全国人大常委会行使国家立法权的立法地位予以明确，对全国人大和全国人大常委会各自的立法范围、立法权限、立法程序予以规定，强化了立法科学性和制度性。2006 年 8 月 27 日，十届全国人大常委会第二十三次会议通过《中华人民共和国各级人民代表大会常务委员会监督法》。监督法对人大常委会的监督工作作出了明确规定，规范和完善了人大常委会对“一府两院”监督的形式和程序，突出了人大监督的民主性和公开性。

二、1976—2012 年全国人大会议会前阶段运作渐进趋于系统化、制度化

（一）全国人大代表产生更具规范性。1986 年修改后的选举法，首次明确了全国人大代表名额的上限——3000 人，并明确了农村每名代表所代表的人口数与城市每名代表所代表的人口数

8∶1的原则。此外，选举法进一步明确了全国人大常委会对全国人大代表选举的责任性和主导性、代表候选人信息介绍、差额选举、无记名投票等具体工作要求，使民主性和责任性原则系统化融入全国人大代表选举运作过程中。每届全国人大任期到期前一年对下一届人大代表名额和选举问题作出决定。通常是每届全国人大最后一次全体大会对下一届代表名额和选举问题作出决定。这个决定对下一届代表名额、结构和选举时间作出规定。决定通常要求在下一年 1 月前完成代表选举，这保证了全国人大每届任期满五年，能够按期换届。

（二）会前代表联系选民更加制度化。从制度层面，2010 年修改后的代表法明确了闭会期间代表活动方式，强调应以集体活动为主，以代表小组活动为基本形式，通过多种形式听取和反映选区选民或选举单位意见要求等。

（三）代表会前集中进一步形成惯例。全国人大代表会议前夕需要到省（自治区）驻地集结，统一赴京，组团参会。选举单位通常会召集代表开会，就议案提出等问题提前沟通，利于代表团内部统一思想，提出有利于地域发展的议案。

（四）全国人大常委会会前准备更加规范化、可操作化。一是确立了全国人大常委会在会议举行前一年的 12 月作出会议召开决定的工作制度，使代表和相关会议运作机构能够提前准备。二是会议举行当年 2 月，全国人大常委会为会议举行作出例行准备，包括提出会议议程草案，提出主席团和秘书长名单草案，决定列席会议人员名单等。如果是换届之年，还要审查新一届的代表资格，公布代表名单。

（五）预备会议会期和议程明确化。全国人大议事规则明确了正式会议召开前预备会议的会期和议程。预备会议由全国人大常委会主持，每届全国人大第一次会议的预备会议由上一届全国人大常委会主持。预备会议应在大会开幕前一天举行，主要议程是选举会议主席团、秘书长和通过大会议程。

（六）会前媒体沟通力度加强。一是全国人大常委会办公厅通常在会议召开前一个月的月初进行媒体吹风，对中外媒体记者采访即将举行的人大会议表示欢迎。相应地，中外媒体采访会议的报名工作也有具体的程序安排。二是会议开幕前一天举行中外媒体共同参加的新闻发布会，由大会新闻发言人就大会议程、会议工作相关问题回答中外记者提问。

三、1976—2012 年全国人大会议运作基本情况

（一）会议举行时间、代表人数逐步固定化

1989 年通过的全国人大议事规则明确固化了全国人大会议召开的时间是每年的第一季度。这之前的历次全国人大会议召开时间则是不固定的，有的在年初，有的在年中，还有的在年尾。

八届全国人大之后，会议时间固定化趋势较为明显。八届、九届、十届、十一届全国人大，会议开幕时间基本固定在每年的 3 月上旬。八届全国人大一次、二次会议的开幕时间分别为 3 月 15 日、3 月 10 日。其他会议开幕时间都在每年 3 月初，其中绝大部分会议召开时间固定在每年的 3 月 5 日。

与此同时，在此历史阶段，全国人大代表人数上限和出席会议代表人数下限逐步固定化。1977 年 10 月 15 日，中共中央发出关于召开第五届全国人民代表大会会议的通知，确定代表名额为 3500 人。这一数字比第四届全国人大增加 615 人，比第三届全国人大增加 460 人。在 1978 年 2 月第五届全国人大一次会议举行前，北京、河北、

辽宁三省（市）分别撤销了1人的代表职务，五届全国人大最终人大代表名额为3497人。五届全国人大一次至五次会议出席代表人数分别为3497人、3471人、3478人、3453人和3421人。

六届全国人大在人大代表的数额确定上，规范化的趋势越来越明显。在1982年宪法讨论的过程中，有不少人认为全国人大代表数量应当减少。但鉴于中国地域广阔和人口众多，全国人大代表要保持代表性，人数不宜过少。1986年修改后的选举法对全国人大代表的名额作出的规定是不能多于3000人。自此之后历届全国人大代表人数有了法律上限，都未超过3000人。与此同时，1989年通过的全国人大议事规则明确了全国人大会议的召开必须有三分之二以上代表出席。

表3.1　1976—1993年全国人大历届会议召开时间和参会代表人数

会议名称	召开时间	出席代表人数
五届全国人大一次会议	1978年2月26日—3月5日	3497人
五届全国人大二次会议	1979年6月18日—7月1日	3471人
五届全国人大三次会议	1980年8月30日—9月10日	3478人
五届全国人大四次会议	1981年11月30日—12月13日	3453人
五届全国人大五次会议	1982年11月26日—12月10日	3421人
六届全国人大一次会议	1983年6月6日—21日	2978人
六届全国人大二次会议	1984年5月15日—31日	2973人
六届全国人大三次会议	1985年3月27日—4月10日	2968人
六届全国人大四次会议	1986年3月25日—4月12日	2974人
六届全国人大五次会议	1987年3月25日—4月11日	2970人
七届全国人大一次会议	1988年3月25日—4月13日	2970人
七届全国人大二次会议	1989年3月20日—4月4日	2978人
七届全国人大三次会议	1990年3月20日—4月4日	2953人
七届全国人大四次会议	1991年3月25日—4月9日	2955人
七届全国人大五次会议	1992年3月20日—4月3日	2940人

（二）会议议程规范化、制度化

1. 会议核心主题和议程始终与国家政治经济社会核心工作密切联系。1976—2012 年，全国人大会议主题与核心议程和“文化大革命”结束后不同时期国家政治经济社会发展核心任务有密切联系。因此，这一时期全国人大会议核心主题逐步从“拨乱反正”转向“改革开放”和“经济建设”。这期间，五届全国人大一次、二次会议核心主题落在“拨乱反正”和“工作重心向现代化建设过渡”。从五届全国人大三次会议开始，“改革”“修宪”“经济建设”“科学发展”“和谐社会”等与改革开放、社会主义现代化建设的关键议题就成为历届全国人大会议的核心议题和议程。

表 3.2　1976—2012 年全国人大历届会议核心主题

会议名称	核心主题
五届全国人大一次会议	拨乱反正，实现由“文化大革命”的非正常时期向现代化建设的正常时期过渡
五届全国人大二次会议	强化过渡，全国工作的着重点切实向社会主义现代化建设转移
五届全国人大三次会议	改革提上日程，肯定商品经济存在和发展，改革国家领导制度，通过四部关键法律
五届全国人大四次会议	讨论经济问题，坚定走经济发展新路子
五届全国人大五次会议	制定“八二宪法”，通过“国家六五计划”
六届全国人大一次会议	国家领导人的换届，为经济建设提供组织基础
六届全国人大二次会议	在改革中前进，运用国家政权力量推进改革继续前进
六届全国人大三次会议	推进经济体制改革健康顺利进行，巩固经济发展形势
六届全国人大四次会议	听取、审议和通过“七五计划”
六届全国人大五次会议	让改革和建设张满风帆
七届全国人大一次会议	以改革总揽全局

续表

会议名称	核心主题
七届全国人大二次会议	共商治理整顿，深化改革大计
七届全国人大三次会议	共商国是，稳定发展
七届全国人大四次会议	听取、审议、批准十年规划和“八五计划纲要”
七届全国人大五次会议	以经济建设为中心，深化改革，扩大开放，促进国民经济发展
八届全国人大一次会议	修改宪法和换届选举
八届全国人大二次会议	深化经济体制改革
八届全国人大三次会议	进一步处理好改革、发展、稳定的关系
八届全国人大四次会议	关于国民经济和社会发展“九五计划”和 2010 年远景目标纲要
八届全国人大五次会议	民主团结求实奋进，深入推进社会主义现代化建设
九届全国人大一次会议	稳中求进，为经济社会发展提供更切实的政治保证和组织保证
九届全国人大二次会议	团结一致，务实兴邦，继续推进改革开放
九届全国人大三次会议	承前启后，继往开来，推动改革开放和经济发展
九届全国人大四次会议	国民经济和社会发展第十个五年计划
九届全国人大五次会议	满怀信心夺取新胜利，充分利用一切有利条件，发挥各方面的积极性，努力做好各项工作
十届全国人大一次会议	一心一意谋发展，坚定不移地朝着全面建设小康社会的宏伟目标前进
十届全国人大二次会议	为全面建设小康社会而奋斗
十届全国人大三次会议	坚持科学发展观，构建和谐社会
十届全国人大四次会议	国民经济和社会发展第十一个五年规划〔1〕
十届全国人大五次会议	全面建设小康社会，加快构建社会主义和谐社会
十一届全国人大一次会议	继往开来踏上新征程

〔1〕“十一五”之前，都是国民经济计划。“十一五”开始变为“规划”，是计划经济体制转变的一个重要体现。

续表

会议名称	核心主题
十一届全国人大二次会议	发挥制度优势，推动科学发展
十一届全国人大三次会议	团结奋发进取，不负人民重托
十一届全国人大四次会议	国民经济和社会发展第十二个五年规划
十一届全国人大五次会议	承上启下，为夺取全面建设小康社会、加快推进社会主义现代化新胜利而努力奋斗

2. 例行议程逐步制度化。与此同时，这一时期，人大会议议程中例行议程逐步制度化、规范化，被随意取消的情况不再多见。也可以说，较之以往，作为权力机关和代表机关的全国人大，其权力监督机关属性在会议中的体现力度强化和规范化。听取和审议政府工作报告、“两院”工作报告、审议上一年度政府财政决算报告和通过本年度政府财政预算等逐步成为全国人大会议的例行议程。另外，选举形成新一届国家领导班子依旧是历届全国人大一次会议中的例行议程。

3. 立法成为重点议程。1978 年党的十一届三中全会确立了发展社会主义民主、健全社会主义法制的基本方针。十一届三中全会公报指出：“为了保障人民民主，必须加强社会主义法制，使民主制度化、法律化，使这种制度和法律具有稳定性、连续性和极大的权威，做到有法可依，有法必依，执法必严，违法必究。从现在起，应当把立法工作摆到全国人民代表大会及其常务委员会的重要议程上来。”在这一方针指导下，全国人大立法进程有显著进展。五届、六届、七届全国人大会议议程中，立法是非常重要的内容。1976—1993 年，全国人大历次会议通过和修改《中华人民共和国宪法》《中华人民共和国刑法》《中华人民共和国刑事诉讼法》《中华人民共和国地方各级人民代表大会和地方各级人民政府组织法》《中华人民共和国全国人民代表大会和地方各级人民代表大会选举法》《中华人民共和国人民法院组织法》《中华人民共和国人民检察院组织法》《中华人民共和国中外合资经营企业法》《中华人民共和国婚姻法》等30多部法律。

表3.3　1976—2012年全国人大会议与立法相关议程

会议名称	立法相关议程
五届全国人大一次会议	修改《中华人民共和国宪法》
五届全国人大二次会议	1. 修改《中华人民共和国宪法》 2. 制定《中华人民共和国刑法》《中华人民共和国刑事诉讼法》《中华人民共和国地方各级人民代表大会和地方各级人民政府组织法》《中华人民共和国全国人民代表大会和地方各级人民代表大会选举法》《中华人民共和国人民法院组织法》《中华人民共和国人民检察院组织法》《中华人民共和国中外合资经营企业法》
五届全国人大三次会议	1. 审议《中华人民共和国婚姻法》《中华人民共和国国籍法》《中华人民共和国个人所得税法》《中华人民共和国中外合资经营企业所得税法》 2. 审议《关于修改〈中华人民共和国宪法〉第四十五条的决议》《关于修改宪法和成立宪法修改委员会的决议》 3. 审议通过中华人民共和国宪法修改委员会名单
五届全国人大四次会议	1. 审议《中华人民共和国经济合同法》《中华人民共和国外国企业所得税法》 2. 原则上批准《中华人民共和国民事诉讼法（草案）》，授权全国人大常委会修改后公布试行
五届全国人大五次会议	1. 听取彭真副委员长作的宪法修改草案的报告 2. 审议《中华人民共和国宪法》 3. 审议《中华人民共和国全国人民代表大会组织法》《中华人民共和国国务院组织法》、关于修改《中华人民共和国地方各级人民代表大会和地方各级人民政府组织法》的若干规定的决议、关于修改《中华人民共和国全国人民代表大会和地方各级人民代表大会选举法》的若干规定的决议
六届全国人大二次会议	审议《中华人民共和国民族区域自治法（草案）》《中华人民共和国兵役法（修改草案）》

续表

会议名称	立法相关议程
六届全国人大三次会议	审议《关于授权国务院在经济体制改革和对外开放方面可以制定暂行的规定或者条例的决定（草案）》《中华人民共和国继承法（草案）》
六届全国人大四次会议	审议《中华人民共和国民法通则（草案）》《中华人民共和国义务教育法（草案）》《中华人民共和国外资企业法（草案）》
六届全国人大五次会议	审议《中华人民共和国村民委员会组织条例（草案）》《关于第七届全国人民代表大会代表名额和选举问题的决定（草案）》
七届全国人大一次会议	审议《中华人民共和国宪法修正案（草案）》《中华人民共和国全民所有制工业企业法（草案）》《中华人民共和国中外合作经营企业法（草案）》
七届全国人大二次会议	1. 审议《中华人民共和国行政诉讼法（草案）》《中华人民共和国全国人民代表大会议事规则（草案）》 2. 国务院关于提请授权深圳市人民代表大会及其常务委员会和深圳市人民政府分别制定深圳经济特区法规和深圳经济特区规章的议案
七届全国人大三次会议	审议《中华人民共和国香港特别行政区基本法（草案）》《中华人民共和国中外合资经营企业法修正案（草案）》
七届全国人大四次会议	审议关于《中华人民共和国民事诉讼法（试行）（修改草案）》的说明、关于《中华人民共和国外商投资企业所得税法（草案）》的说明
七届全国人大五次会议	审议《中华人民共和国全国人民代表大会和地方各级人民代表大会代表法（草案）》《中华人民共和国工会法（修改草案）》《中华人民共和国妇女权益保障法（草案）》
八届全国人大一次会议	审议《中华人民共和国宪法修正案（草案）》《中华人民共和国澳门特别行政区基本法（草案）》
八届全国人大二次会议	审议《中华人民共和国预算法（草案）》《全国人民代表大会关于授权厦门市人民代表大会及其常务委员会和厦门市人民政府分别制定法规和规章在厦门经济特区实施的决定（草案）》

续表

会议名称	立法相关议程
八届全国人大三次会议	审议《中华人民共和国教育法（草案）》《中华人民共和国人民银行法（草案）》
八届全国人大四次会议	审议《中华人民共和国行政处罚法（草案）》《中华人民共和国刑事诉讼法修正案（草案）》《全国人民代表大会关于授权汕头市和珠海市人民代表大会及其常务委员会、人民政府分别制定法规和规章在各自的经济特区实施的决定（草案）》
八届全国人大五次会议	审议《中华人民共和国刑法（修订草案）》《中华人民共和国国防法（草案）》
九届全国人大二次会议	审议《中华人民共和国宪法修正案（草案）》《中华人民共和国合同法（草案）》
九届全国人大三次会议	审议《中华人民共和国立法法（草案）》
十届全国人大二次会议	审议并通过《中华人民共和国宪法修正案》
十届全国人大三次会议	通过《反分裂国家法》
十届全国人大五次会议	审议《中华人民共和国物权法（草案）》和《中华人民共和国企业所得税法（草案）》
十一届全国人大三次会议	审议全国人大常委会关于提请审议《中华人民共和国全国人民代表大会和地方各级人民代表大会选举法修正案（草案）》的议案
十一届全国人大五次会议	审议全国人大常委会关于提请审议《中华人民共和国刑事诉讼法修正案（草案）》的议案

（三）会议运行逐步科学化、规范化

1. 代表团（小组）会议制度逐步规范化。首先，这一时期之前全国人大代表按照选举单位分别组成“代表小组”，改为组成“代表团”。全国人大代表在全国人大会议期间除全体会议外的开会、审议、讨论等都是以“代表团”为单位。由于全国人大代表选举单位绝大部分是以地域进行划分，因此相对于代表小组

的概念，代表团更能体现人大代表按照地域组成体系的特点，也更能体现全国人大代表的集体性和数额上的优越性。其次，代表小组会议转化为各代表团内部召开。这样做的优势在于，能够让更多的代表，尤其是基层代表有发言机会，能够在更广泛基础上集中代表意见。

2. 会议议程安排制度化。此阶段全国人大会议议程在规范性的基础上逐步具有更强的延续性，程式化、制度化程度大为提升。在此期间，例行议程固化为：审议“一府两院”工作报告；审议全国人大常委会工作报告；审查上一年度国民经济和社会发展计划执行情况和本年度国民经济和社会发展计划草案的报告；审查上一年度中央和地方预算执行情况和本年度中央和地方预算草案的报告。

3. 会议单元安排逐步程式化、固定化。在此阶段，全国人大会议议程安排也逐步程式化、固定化。从2005年十届全国人大三次会议开始，会议一般分成五个单元进行。第一单元，会议开幕，听取和审议政府工作报告，审查上一年度国民经济和社会发展计划执行情况与计划草案的报告，审查上一年度预算执行情况与预算草案的报告。第二单元，审议法律案。第三单元，听取和审议全国人大常委会工作报告、最高人民法院工作报告和最高人民检察院工作报告。第四单元，人事方面的选举和决定任命。第五单元，审议拟提请大会表决的各项决议草案和法律草案的表决稿；大会表决各项决议和议案；会议闭幕。每一单元，都要安排至少一次全体会议和数次代表团全体会议、代表小组会议。

4. 议案处理规范化。全国人大一届至五届会议期间，议案和建议不做区分，统一为“提案”。按照之前的规定，提案要通过提案审查委员会向大会提出。1976—1983年，五届全国人大没有提出提案，自六届全国人大一次会议开始，针对代表提出的议案，大会秘书处要提出处理意见的报告，此报告要向大会主席团报告和通过。

5. 主席团会议运作更加科学化。此阶段，改变了此前主席团会议运作相对随意、议程不明确的状态。首先，明确了主席团会议第一次会议决定大会会议日程，再明确召开全体会议召开的次数和日期，推选会议执行主席。这样改变了之前长时间先推选主席团成员和执行主席，再决定大会会议日程的情况。其次，此期间，议案表决办法明确由大会主席团第一次全体会议通过。最后，会议后期主席团常务主席和主席团按程序有序举行若干会议，对拟提交大会表决的各议案、决议草案作出提交代表审议的决定。

6. 会议开放度、透明度加大。一是重申和确保常态化情形下全国人大在公开状态下开会。1982 年重新制定的全国人大组织法延续了 1954 年全国人大组织法中“全国人民代表大会会议公开举行；在必要的时候，可以由全国人民代表大会决议举行秘密会议”的规定。1989 年的全国人民代表大会议事规则在这一规定基础上对秘密举行会议的程序作了更为明确、更加严格的规定，基本上确立了“秘密会议”的例外性规定，即“全国人民代表大会在必要的时候，可以举行秘密会议。举行秘密会议经主席团征求各代表团的意见后，由有各代表团团长参加的主席团会议决定”。二是强调人大代表会前对会议基本情况的知情权。此期间通过的全国人大常委会议事规则强调：全国人大常委会须在全国人大会议举行一个月前，将开会日期和建议大会讨论的主要事项通知代表。三是形成和确立了新闻发布会制度。1983 年 6 月 4 日，六届全国人大一次会议副秘书长曾涛和全国政协六届一次会议副秘书长孙起孟——全国“两会”首任新闻发言人，分别受各自会议秘书处委托，同时向中外记者发布“两会”召开的信息。自此，全国“两会”举办新闻发布会形成惯例，延续至今。在此期间，国务院领导人在全国“两会”期间举行记者招待会，并通过电视现场转播，也成为常态化制度化的会议安排。

7. 议案审议、表决和决定任命表决方式明确化、规范化。1989 年修改的全国人民代表大会议事规则明确了议案审议方式。同时明确，修改宪法必须由全体代表的三分之二以上的多数通过；议案表决，必须一半以上代表表决通过。1990 年举行的七届全国人大三次会议对议案表决、决定任命的表决方式予以严格明确。此次会议，议案表决办法为代表按表决器方式通过。选举和决定任命办法也是通过无记名投票方式进行，会场还设有秘密投票处。

8. 明确了代表会议发言权利和规则。一是明确了代表在全国人大各种会议上的发言和表决，不受法律追究。二是代表在大会全体会议上的发言次数和时间。在全体会议上，每个代表可以发言两次，两次发言时间都有上限，第一次发言上限为十分钟，第二次发言上限为五分钟。

第五节　新时代的全国人大会议运作

2012 年至今是全国人大会议运作持续完善、制度化和创新化阶段。在此期间，十二届全国人大至十三届全国人大的 10 次会议顺利举行。这一阶段党中央在 2021 年 10 月 13 日—14 日召开了中央人大工作会议，这是党史上的第一次。同年 11 月，中央出台了《关于新时代坚持和完善人民代表大会制度、加强和改进人大工作的意见》，明确指出，人民代表大会制度是实现我国全过程人民民主的重要制度载体。在全过程人民民主实现过程中，全国人大会议运作必须具有结构性和系统性，能够体现中国特色社会主义民主是全链条、全方位、全覆盖的人民民主。因此，这一时期全国人大会议运作从系统化、结构化层面越来越具有制度化特征，越来越具有公开性。较之以往，会议组织也越来越精细化，结合时代和社会需求进行的创新举措也很多，体现了新时代中国民主的系统性和创新发展。

一、2012 年以来全国人大会议运作制度持续完善、系统化

2012 年以来，全国人大会议运作的制度处于持续与时俱进的完善和系统化发展进程中。此阶段，2018 年通过的《中华人民共和国宪法修正案》，将习近平新时代中国特色社会主义思想载入宪法，并对全国人大和全国人大常委会职权予以完善。立法法、选举法、全国人大组织法、全国人大议事规则、全国人大常委会议事规则修改完善。

（一）立法法修改。2015 年 3 月 15 日，十二届全国人大三次会议对立法法进行了修改。修改后的立法法对全国人大和全国人大常委会行使国家立法权的立法地位予以进一步明确，对全国人大和全国人大常委会各自的立法范围、立法权限、立法程序予以规定，强化了立法科学性和制度性。2023 年 3 月 13 日，十四届全国人大一次会议对立法法进行了第二次修改，根据形势发展

对相关立法问题作了进一步补充和完善。

（二）选举法修改。这一阶段，选举法经历了2015年、2020年两次修改。2015年的修改对公民参加各级人大代表选举不得接受境外资金资助作出明确规定，并对代表资格审查及当选代表的公布等进行了规范和补充规定。2020年的修改集中于两点：更好体现坚持党对选举工作的领导和适当增加基层县乡两级人大代表名额基数。综合来看，此阶段选举法修改的核心是体现以人民为中心的理念，强化人大代表选举制度和选举程序的科学性、规范性。

（三）全国人大组织法、全国人大议事规则修改优化。2021年3月11日，十三届全国人大四次会议对关系到全国人大会议运作的两个关键规则——全国人大组织法、全国人大议事规则进行了修改完善。修改后的全国人大组织法对全国人大及其常委会的性质、地位、任期予以规定，强调和明确了全国人大常委会、专门委员会、工作委员会应当和代表建立密切联系，听取代表建议；对大会的召集等内容根据宪法规定进行了相应补充；对大会主席团职权进行了列举明确；并根据国家监察体制改革增加了相应的内容。

修改后的全国人大议事规则优化了法律案审议环节，提升了审议效率。同时，对会前全国人大常委会开会审议和组织召集代表研读法律修正草案作出明确规定，为保障代表知情权和会议审议、发言权提供了保障。还统一规定表决议案方式，明确了全国人大代表工作信息化平台在会议期间的作用和工作方式。同时还明确了新闻发言人制度。

（四）代表法修改完善。2015年8月29日，十二届全国人大常委会第十六次会议对代表法作出修改。此次修改的重点，除了从法律和制度层面强化基层代表依法履职和发挥作用，也更加明确各级代表在会前联系群众和进行调查研究、视察等监督职责，持续强化代表责任意识。

二、2012 年以来全国人大会议会前运作更加注重细节和公开化

（一）会前代表联系群众更加精细化、具体化。伴随政治发展需求加大和信息、交通技术发展，代表联系群众的主动性和切实可实现性都有了较大提升。从政治发展层面，政府治理方式变革、民众政治权利意识勃发、多元化社会需求的现实下，要求代表更加能够体现对社会公共需求，尤其是公众关注热点需求的回应性。这使得部分有前瞻视角的代表在会前通过信息公示，或利用微信、微博等方式和群众进行联系，搜集群众意见，提升议案、建议的针对性。

（二）代表会前调研、沟通和学习机制更加健全。2015 年代表法修改后，代表提出议案、建议的质量和议案办理工作质量问题得到极大重视。一是代表深入基层视察、调研，尤其是专题调研机制得到切实保障。通过“代表工作站”“代表联络站”这样的基层履职平台，代表能够有更多机会深入基层了解实际情况，为会议期间提出高质量议案做准备。二是全国人大常委会办公厅建立部委代表建议重点问题督办机制，督促代表建议承办单位建立代表沟通“直通车”。三是通过线上和线下结合的方式强化对代表的培训，开通全国人大网络学院，强化代表履职素质提升。以十三届全国人大四次会议为例，会议期间代表提出的 8993 件建议交由 194 家承办单位办理并答复代表；156 位全国人大常委会组成人员与 439 位全国人大代表建立联系；全年通过线上线下

方式参加学习的代表有 5824 人次。[1]

（三）会前准备更加规范化、可操作化。一是确立了全国人大常委会在会议举行前一年 12 月作出会议召开决定的工作制度，使代表和相关会议运作机构能够提前准备。二是会议举行当年 2 月，全国人大常委会为会议举行做例行准备。这包括提出会议议程草案；提出主席团和秘书长名单草案；决定列席会议人员名单等。如果是换届之年，还要审查新一届的代表资格，公布代表名单。

（四）会前媒体沟通力度在强化基础上有创新。会前媒体吹风，形成了以传统官方媒体为核心、以新媒体为延伸的媒体信息发布网络。会议信息会前公开和宣传力度加大。会前新闻发布会制度继续强化，并根据实际需求进行因地制宜的形式创新。例如，2022 年 3 月 4 日举行的十三届全国人大五次会议会前新闻发布会，为有效防控新冠肺炎疫情而采用网络视频的方式举行。

三、2012 年以来全国人大会议运作更加程式化、精细化、公开化

2012 年以来，全国人大会议运作在原有基础上更加程式化、精细化和公开化。这种发展体现了全国人大会议运作制度化的明确趋向，本质是为有效实现人民民主提供切实议事基础和程序保障。这些都体现了中国政治发展的民主性和进步性。

（一）会议开幕时间更为固定化

此期间召开的十二届、十三届全国人大，除了十三届全国人

---

〔1〕 刘奕湛：《全国人大常委会建好“民意窗”架好“连心桥”》，中国长安网，http：//www. chinapeace. gov. cn/chinapeace/c100007/2022-03/03/content_12602294. shtml。

大三次会议受到新冠疫情影响推迟到当年5月22日召开，其他会议开幕时间固定在每年的3月5日。

（二）代表更具广泛代表性

十二届全国人大到十三届全国人大，代表结构变化的主要趋势是强化代表的广泛代表性。在中国特色社会主义市场经济高速发展背景下，新群体、新阶层的涌现，意味着之前简单的以党政干部、工农兵、知识分子、民主党派、无党派人士、归国华侨为主要身份构成的代表结构不能够充分体现社会变化，满足社会需求。尤其是伴随改革进入深水期和攻坚期，新涌现的企业家群体、农民工群体、律师等新的社会群体都迫切需要通过权力机关进行正式的政治参与。但总体上看，在之前经济快速发展的大环境下，政府对经济增长的重视使得企业家群体首先在全国人大代表群体结构中占据一席之地。相比党政领导干部、企业家代表，基层代表，尤其是来自一线的工人、农民、专业技术人员代表数量较少，尤其是农民工代表人数极少。因此，这一时期，对基层一线工人代表、农民代表、妇女代表和一线专业技术人员代表的重视，尤其是对基层一线代表的制度化倾斜，是对代表结构的一种优化，更能够体现社会主义民主的广泛性和优越性。

客观讲，对基层代表的重视在前一阶段的后期就已经有明显体现。十届全国人大五次会议上提交的第十一届全国人大代表名额和选举决定草案明确表示：妇女代表比例不低于22%；一线工人和农民代表人数要高于十届全国人大；农民工比较集中的省、直辖市，应有农民工代表。之后的十一届、十二届、十三届全国人大代表结构体现了这一趋势。十一届全国人大代表中，省级政府组成部门领导干部代表的比例比十届全国人大减少了三分之一，一线工人代表比十届全国人大增加了一倍以上，基层农民代表比十届全国人大增加了七成以上。朱雪芹、胡小燕和黑新雯三位代表作为全国人大第一次选举出的农民工代表参会，具有突破性意义。

2010 年 3 月 14 日十一届全国人大三次会议通过修改选举法的决定，明确规定无论是地方各级人大代表名额还是全国人大代表名额，均按照每一代表所代表的城乡人口数相同的原则。十二届全国人大是第一次按城乡同比例选举人大代表。2987 名代表中，工人、农民代表占比 13.42%，比十一届全国人大提高了 5.18 个百分点。党政领导干部代表占比 34.8%，比十一届全国人大降低了 6.93 个百分点。与十二届相比，十三届全国人大 2980 名代表中，妇女代表占比 24.90%，比十二届全国人大提高了 1.5 个百分点；一线工人、农民代表占比 15.70%，比十二届全国人大提高了 2.28 个百分点；党政领导干部代表占比 33.93%，降低了 0.95 个百分点。

基层代表比例加大这一趋势在接下来的十四届全国人大继续强化。2022 年 3 月 5 日，提请十三届全国人大五次会议审议的关于十四届全国人大代表名额和选举问题的决定草案明确提出，十四届全国人大，基层代表特别是一线工人、农民工代表、专业技术人员代表和妇女代表的比例要比上届有所上升；党政领导干部代表的比例要继续从严掌握。

（三）立法依旧是会议重要议程

这一阶段，立法依旧是全国人大历届会议的核心议程之一。但这一时期全国人大立法越来越具有系统性、结构性和协同性的特征。除了修改宪法，这一时期民法典、立法法、慈善法、外商投资法、监察法等重要法律经由全国人大会议通过或修改。这体现了全国人大在依宪治国、依法治国领域的重要作用。

表 3.4　2012—2022 年全国人大历届会议核心主题与例行议程之外的重点议程

会议名称	核心主题	例行议程之外的重点议程
十二届全国人大一次会议	凝聚共识，汇聚力量，实现美丽“中国梦”	听取和审议国务院机构改革和职能转变方案；选举和决定任命国家机构新一届领导人员
十二届全国人大二次会议	全面深化改革	
十二届全国人大三次会议	协调推进“四个全面”战略布局	审议全国人大常委会关于提请审议《中华人民共和国立法法修正案（草案）》的议案
十二届全国人大四次会议	国民经济和社会发展第十三个五年规划	审查和批准国民经济和社会发展第十三个五年规划纲要；审议全国人民代表大会常务委员会关于提请审议《中华人民共和国慈善法（草案）》的议案
十二届全国人大五次会议	法治安天下，民主增活力，适应把握引领经济发展新常态，推进供给侧结构性改革	审议全国人大常委会关于提请审议《中华人民共和国民法总则（草案）》的议案、《第十二届全国人民代表大会第五次会议关于第十三届全国人民代表大会代表名额和选举问题的决定（草案）》的议案、《中华人民共和国香港特别行政区选举第十三届全国人民代表大会代表的办法（草案）》的议案、《中华人民共和国澳门特别行政区选举第十三届全国人民代表大会代表的办法（草案）》的议案
十三届全国人大一次会议	肩负新使命迈向新征程——修改宪法和换届选举	审议全国人大常委会关于提请审议《中华人民共和国宪法修正案（草案）》的议案、《中华人民共和国监察法（草案）》的议案；审议国务院机构改革方案；选举和决定任命国家机构组成人员

续表

会议名称	核心主题	例行议程之外的重点议程
十三届全国人大二次会议	攻坚克难、砥砺奋进，为全面建成小康社会收官打下决定性基础	审议全国人大常委会关于提请审议《中华人民共和国外商投资法（草案）》的议案
十三届全国人大三次会议	决胜全面建成小康社会、决战脱贫攻坚	审议全国人大常委会关于提请审议《中华人民共和国民法典（草案）》的议案、《全国人民代表大会关于建立健全香港特别行政区维护国家安全的法律制度和执行机制的决定（草案）》的议案
十三届全国人大四次会议	国民经济和社会发展第十四个五年规划和2035年远景目标纲要	审查国民经济和社会发展第十四个五年规划和2035年远景目标纲要草案；审议全国人大常委会关于提请审议《中华人民共和国全国人民代表大会组织法（修正草案）》的议案、《中华人民共和国全国人民代表大会议事规则（修正草案）》的议案、《全国人民代表大会关于完善香港特别行政区选举制度的决定（草案）》的议案
十三届全国人大五次会议	团结奋斗，开创新伟业	审议全国人大常委会关于提请审议《中华人民共和国地方各级人民代表大会和地方各级人民政府组织法（修正草案）》的议案、《第十三届全国人民代表大会第五次会议关于第十四届全国人民代表大会代表名额和选举问题的决定（草案）》的议案、《中华人民共和国香港特别行政区选举第十四届全国人民代表大会代表的办法（草案）》的议案、《中华人民共和国澳门特别行政区选举第十四届全国人民代表大会代表的办法（草案）》的议案

（四）会议公开性更强，公开方式不断创新

这一时期，全国人大会议公开性更强。在网络快速发展的情境下，全国人大会议公开方式和外宣方式不断创新，充分体现了开好人民代表大会会议，根本目的在于要“深入贯彻全过程人民民主，营造畅所欲言、求真务实的会议氛围”“把人民群众的呼声和要求反映上来”“真正做到民有所呼、我有所应”。[1] 一是既往的新闻发言制度有了系统化的组合。总理记者会、发言人新闻发布会、外交部部长记者会成为每年全国人大会议固定活动。根据会议议程和公众、媒体关注点设置多场记者会、中外记者下团组活动。这些活动都会通过网络或电视、广播向公众进行直播或报道。与此同时，地方团组也在会议期间举行新闻发布会或媒体开放日活动，进行有针对性的对外宣传和信息公开。二是启动“部长通道”和“代表通道”。“部长通道”正式启动于2016年全国“两会”期间。2016年十二届全国人大四次会议期间，全国人大开通了“部长通道”，不同部委领导或相关负责人站在“部长通道”的话筒前，主动回应记者提问。“代表通道”正式启动于2018年全国人大会议期间。2018年十三届全国人大一次会议启动“代表通道”。“代表通道”每场活动会邀请10名左右全国人大代表接受中外记者采访。代表通常分组亮相，现场接受记者提问，接受采访。从“部长通道”到“代表通道”，不仅体现了全国人大会议公开方式的与时俱进，也提高了全国人大会议对民众关注问题的回应，体现了全国人大会议运作在政治沟通层面的进步。三是通过网络向公众全方位公开会议安排和会议进

---

〔1〕 栗战书：《在十三届全国人大常委会第三十三次会议上的讲话》，《中华人民共和国全国人民代表大会常务委员会公报》2022年第2号，第444页。

展。会议期间，不仅全国人大网、央视网、新华社和人民网等官方媒体，新浪、搜狐、网易、百度、腾讯等民营网络媒体都会通过网络向公众系统展示会议进展。这些媒体还邀请代表进行网络访谈，代表也会通过这些媒体进行观点和诉求表达。

/ 第四章 /

人大会议的政治成果

结合历届全国人大政治产出的情况，从具体的内容角度，可以将政治成果分为：立法成果、决策成果、组织人事成果等。结合新中国成立以来我国发展的历史阶段以及人大制度发展的历程，我们可以将人大发展的进程大致分为五个阶段：初步发展时期（1954—1957）；受挫时期（1957—1966）；瘫痪时期（1966—1976）；恢复与发展时期（1976—2012）以及新时代（2012 年至今）。接下来，本文将对人大会议在不同发展时期的政治成果简要进行梳理。[1]

第一节　立法成果

立法成果，是立法活动的产物，是全国人大及其常委会立法活动的产出，它表现为一定的法律法规、决定决议等。从人大及其常委会在立法成果产生过程中的作用，可以将立法成果分为两类：创制性立法成果和审批性立法成果。历届全国人大及其常委会的立法成果是十分丰硕的，而且不乏具有里程碑意义的立法成果；同时也可以看出，在不同的历史时期，立法成果存在着起伏波动。下面分别从五个历史时期，予以具体说明。

---

〔1〕 陈家刚：《中国根本政治制度的运行轨迹：历届全国人大会议比较研究（1954—2008）》，中国社会科学出版社 2019 年版，第 197—282 页。

一、初步发展时期的立法成果

（一）创制性立法成果

1. 一届全国人大一至二次会议：制宪与政权建设。一届全国人大一次会议期间，[1] 全国人大制定了宪法与五部组织法，而全国人大常委会不仅制定了七个条例，还通过了《中华人民共和国兵役法》。

首先，就全国人大而言，它不仅制定了新中国第一部宪法，而且制定了建构国家政权组织体系的五部组织法。一届全国人大一次会议通过的《中华人民共和国宪法》，首次规定了新中国的基本政治制度、经济制度和文化制度。在政治制度方面，它规定了当代中国的立法制度、行政制度、司法制度、国家主席制度和民族区域自治制度等。不仅如此，它还规定了公民的基本权利和义务，规定了新中国的外交、民族、华侨、文化等方面的政策。五部组织法具体包括：《中华人民共和国全国人民代表大会组织法》《中华人民共和国国务院组织法》《中华人民共和国人民法院组织法》《中华人民共和国人民检察院组织法》《中华人民共和国地方各级人民代表大会和地方各级人民委员会组织法》。此外，一次会议还通过了《关于中华人民共和国现行法律、法令继续有效的决议》。二次会议通过了《关于授权常务委员会制定单行法规的决议》《关于撤销热河省西康省并修改〈中华人民共和国地方各级人民代表大会和地方各级人民委员会组织法〉第二十

〔1〕 对于全国人大来说，是指一届全国人大一次会议从开幕到闭幕；对于全国人大常委会来说，是指从一届全国人大一次会议结束到二次会议召开为止的时间段。二次会议、三次会议、四次会议、五次会议以此类推。

五条第二款第一项规定的决议》《关于撤销燃料工业部设立煤炭工业部、电力工业部、石油工业部、农产品采购部并修改〈中华人民共和国国务院组织法〉第二条第一款条文的决议》。

其次，在全国人大常委会方面，一届全国人大一次会议期间，共制定了七个条例。常务委员会第三次会议制定了《中华人民共和国逮捕拘留条例》和《1955 年国家经济建设公债条例》，第四次会议制定了《城市街道办事处组织条例》《城市居民委员会组织条例》《公安派出所组织条例》等三部组织条例。常委会第六次会议制定了《中国人民解放军军官服役条例》，第七次会议制定了《中华人民共和国授予中国人民解放军在中国人民革命战争时期有功人员的勋章奖章条例》。此外，常委会第五次会议根据国务院的提请，通过了《中华人民共和国兵役法》。常委会第十七次会议通过了《关于解释法律问题的决议》。

2. 一届全国人大二次至三次会议：经济建设与发展。从二次会议开始，一届全国人大立法成果的主题就是经济建设。当然，这并不意味着经济建设就是唯一的内容，有时也涉及政权建设、文化建设和军事建设等方面的内容。首先，在人大方面，二次会议将审议《中华人民共和国兵役法（草案）》列入会议议程，并一致通过。兵役法的制定无疑是国家军事建设的一项重大成就。三次会议通过了《高级农业生产合作社示范章程》，这是农业合作化运动的必然产物。随着高级社的普遍建立，最终为人民公社的建立提供了经济和组织基础。

其次，在全国人大常委会方面，二次至三次会议期间，始终贯穿着经济建设的主题。二次会议期间，常委会第二十次会议制定了《华侨申请使用国有的荒山荒地条例》，常委会第二十六次会议制定了《1956 年国家经济建设公债条例》。三次会议期间，常委会第五十二次会议制定了《1957年国家经济建设公债条例》。

此外，常委会第二十四次会议根据国务院总理周恩来的提请，通过了《农业生产合作社示范章程（草案）》，决议交由国务院发给县以上各级人民委员会讨论和征求人民意见。常委会在第三十三次会议上通过了《农业生产合作社示范章程》。常委会第四十二次会议根据国务院总理周恩来的提请，审议了《高级农业生产合作社示范章程（草案）》。这些也都是经济建设方面的重要立法成果。

当然，经济建设并不是唯一的主题，国家政权建设和文化建设也都是重要的内容。全国人大二次会议期间，常委会第三十五次会议制定了《文化娱乐税条例》。全国人大三次会议通过了《关于修改〈中华人民共和国地方各级人民代表大会和地方各级人民委员会组织法〉第二十五条第二款第一项规定的决议》。常委会第七十六次会议通过了《中华人民共和国人民警察条例》。

（二）审批性立法成果

从审批的对象来看，审批性立法成果主要有两方面的内容：一是审批民族自治地方政权的组织条例；二是审批国务院的立法成果。初步发展时期的审批性立法成果主要是审批民族自治地方政权的组织条例，服务于民族自治地方的政权建设。从一届全国人大二次会议开始，在民族工作方面，就不断出现新的民族自治地方立法。这些地方自治条例就成为人大常委会审批的重要内容。二次会议期间，常委会第二十七次会议批准了《内蒙古自治区各级人民代表大会和各级人民委员会组织条例》，第三十六次会议批准了湘西苗族自治州人民代表大会组织条例和人民委员会组织条例。三次会议期间，常委会第四十三次会议批准了《新疆维吾尔自治区各级人民代表大会和各级人民委员会组织条例》；

批准了湖南省江华瑶族自治县、河北省大厂回族自治县以及河北省大孟村回族自治县人民代表大会和人民委员会组织条例。第四十七次会议批准了《西藏自治区筹备委员会组织简则》。第七十四次会议批准了黔东南苗族侗族自治州、黔南布依族苗族自治州、云南省大理白族自治州以及黑龙江省杜尔伯特蒙古族自治县人民代表大会和人民委员会组织条例。

这些民族自治条例，从行政层级上看，覆盖了省县两级；从行政区域来看，几乎覆盖了整个中国。一届全国人大一次会议通过的宪法，确定了民族区域自治制度。随后，民族自治地方政权纷纷制定民族区域自治条例，由全国人大常委会审查批准。这些自治条例的制定与审批通过，意味着民族自治地方政权在中国大地上广泛建立。这一方面是对民族区域自治制度的贯彻实施；另一方面也为这些地方政权的发展提供了法律支持。所以，它们既是民族区域自治政权建设的重要进展，也是民族区域自治制度建立与发展的重要体现。

二、受挫时期的立法成果

（一）创制性立法成果

一届全国人大四次会议通过《关于死刑案件由最高人民法院判决或者核准的决议》。这项决议涉及国家的司法权，它体现了国家处理死刑案件的慎重性，也体现了对每一个生命的尊重。四次会议期间，常委会第八十三次会议通过了《1958 年国家经济建设公债条例》。五次会议期间，常委会第九十六次会议通过了《中华人民共和国农业税条例》，第九十七次会议通过了《中华人民共和国地方经济建设公债条例》。此外，四次会议期间，常委会第八十一次会议通过了《中华人民共和国治安管理处罚条例》；第八十三次会议通过了《县级以上人民委员会任免国家机关工作人员条例》；第八十八次会议通过了《中华人民共和国国境卫生检疫条例》；第九十一次会议通过了《中华人民共和国户口登记条例》。治安管理处罚条例是司法机关为国家提供秩序与安全的法律保障。户口登记条例便于政府对人民的管理，使社会处于有序的状态，所以也是一种提供秩序的立法成果。卫生检疫条例则服务于国家的卫生建设。所以，一届全国人大期间后两次会议的主题还是比较广泛的。

二届全国人大一次会议和二次会议都没有创制性立法成果。二届全国人大常委会第九十一次会议通过了《关于特赦确实改恶从善的蒋介石集团、伪满洲国和伪蒙疆自治政府的战争罪犯的决定》。第一百零二次会议修正通过了《中国人民解放军军官服役条例》。所以，二届全国人大常委会的创制性立法成果大都是政权建设方面的问题。有的涉及对战争遗留问题的处理，有的涉及军队建设，还有的是有关政权建设方面的议题。

（二）审批性立法成果

1. 审批地方立法：民族自治地方的政权建设。一届全国人大四次会议期间，常委会第八十六次会议批准了《吉林省前郭尔罗斯蒙古族自治县人民代表大会和人民委员会组织条例》。五次会议期间，常务委员会第九十五次会议批准了《吉林省延边朝鲜族自治州各级人民代表大会和各级人民委员会组织条例》《贵州省三都水族自治县和贵州省松桃苗族自治县人民代表大会和人民委员会组织条例》；第九十七次会议批准了《新疆维吾尔自治区伊犁哈萨克自治州各级人民代表大会和各级人民委员会组织条例》。第九十九次会议批准了《广西壮族自治区人民代表大会和人民委员会组织条例》；第一百零一次会议批准了《甘肃省临夏回族自治州各级人民代表大会和各级人民委员会组织条例》《甘肃省甘南藏族自治州人民代表大会和人民委员会组织条例》；第一百零八次会议批准了湖南省通道侗族自治县、新晃侗族自治县和城步苗族自治县人民代表大会和人民委员会组织条例。二届全国人大一次会议期间，常委会第十一次会议批准了《宁夏回族自治区人民代表大会和人民委员会组织条例》《湘西土家族苗族自治州人民代表大会和人民委员会组织条例》《云南省文山壮族苗族自治州各级人民代表大会和各级人民委员会组织条例》；批准了云南省红河哈尼族彝族自治州、楚雄彝族自治州以及怒江傈僳族自治州人民代表大会和人民委员会组织条例以及辽宁省喀喇沁左翼蒙古族自治县和阜新蒙古族自治县人民代表大会和人民委员会组织条例。二届全国人大常委会第六十九次会议批准了《云南省丽江纳西族自治县人民代表大会和人民委员会组织条例》；第九十一次会议批准了《西藏自治区各级人民代表大会选举条例》。二届全国人大四次会议期间，全国人大常委会第一百三十五次会议批准了《青海省果洛藏族自治州各级人民代表大会和各级人民委员会组织条例》；批准了贵州省镇宁布依族苗族自治县、广东省连山壮族瑶族自治县、内蒙古自治区鄂温克族自治旗、内蒙古自治区莫力达瓦达斡尔族自治旗、云南省屏边苗族自治县以及云南省河口瑶族自治县人民代表大会和人民委员会组织条例。三届全国人大一次会议期间，常委会第十四次会议批准了《四川省凉山彝族自治州各级人民代表大会和各级人民委员会组织条例》和《四川省甘孜藏族自治州各级人民代表大会和各级人民委员会组织条例》；第二十九次会议批准了《青海省海南藏族自治州各级人民代表大会和各级人民委员会组织条例》《新疆维吾尔自治区克孜勒苏柯尔克孜自治州各级人民代表大会和各级人民委员会组织条例》《新疆维吾尔自治区巴音郭楞蒙古自治州人民代表大会和人民委员会组织条例》。

2. 审批国务院立法：国家政权与经济建设。在一届全国人大期间，国务院也进行了大量的行政立法工作。根据宪法规定，国务院由全国人大选举产生，对全国人大负责，受其监督。显然，立法监督是其中非常重要的一个方面。因此，常委会也先后对这些立法进行了审批。对国务院立法的审批主要集中在四次会议和五次会议期间。

一届全国人大四次会议期间，常委会先后审批了国务院提出的 1 部条例、1 个决定、3 个办法和 10 个规定。根据国务院总理周恩来提出的议案，常委会第八十六次会议批准了《消防监督条例》；第七十八次会议批准了《国务院关于劳动教养问题的决定》《华侨捐资兴办学校办法》《华侨投资于国营华侨投资公司的优待办法》；第九十次会议批准了《国家建设征用土地办法》。前两个办法是为了鼓励华侨投身于祖国的经济建设和教育事业。最后一个办法是为了充分利用土地资源，服务于国家建设。常委会批准的 10 个规定中，有的涉及国家的经济管理体制，有的涉及国家和企事业单位工作人员的奖惩和福利报酬，还有的是为了国家获取经济资源。常委会根据国务院总理周恩来提出的议案，第八十二次会议批准了《国务院关于国家行政机关工作人员的奖惩暂行规定》；第八十四次会议批准了《国务院关于改进工业管理体制的规定》《国务院关于改进商业管理体制的规定》《国务院关于改进财政管理体制的规定》；第八十五次会议原则批准了《国务院关于工人、职员退休处理的暂行规定》《国务院关于企业、事业单位和国家机关中普通工和勤杂工的工资待遇的暂行规定》《国务院关于国营、公私合营、合作社营、个体经营的企业和事业单位的学徒的学习期限和生活补贴的暂行规定》《国务院关于工人、职员回家探亲的假期和工资待遇的暂行规定》；第八十七次会议批准了《国务院关于调整获利较大的经济作物的农业税附加比例的规定》；第九十次会议批准了《国务院关于农业生产合作社股份基金的补充规定》。总体而言，四次会议期间通过的规定尽管也涉及政府机关体系的建设，但主要是服务于国家的经济建设。

一届全国人大五次会议期间，常委会先后批准了 2 个规定、1 个办法、1 个声明、1 个条例和 1 个决算。常委会第九十四次会议原则批准了《国务院关于工人职员退职处理的暂行规定》；第九十七次会议原则批准了民族自治地方财政管理暂行办法和《国务院关于改进税收管理体制的规定》；第一百次会议批准了《中华人民共和国政府关于领海的声明》；第一百零一次会议原则通过了《中华人民共和国工商统一税条例草案》；第一百零二次会议根据《第一届全国人民代表大会第五次会议关于 1957 年国家预算执行情况和 1958 年国家预算的决议》，批准了国务院提出的 1958 年国家决算。

二届全国人大三次会议期间，常委会第九十一次会议批准了《商标管理条例》。二届全国人大四次会议期间，常委会第一百一十四次会议批准了《外国人入境出境过境居留旅行管理条例》。这两个条例都是经济建设中的重要法规。

三、瘫痪时期的立法成果

这一时期的立法成果主要是一部宪法，即“七五宪法”。这一时期全国人大只召开了一次会议，即 1975 年召开的四届全国人大一次会议。全国人大常委会会议主要包括 1966 年 7 月 7 日召开的第三届全国人大常委会第三十三次会议以及第四届全国人大常委会召开的五次会议（包括一次紧急会议）。几次常委会会议都没有立法成果。

1975 年 1 月 5 日—11 日，“文化大革命”已经接近尾声，四届全国人大一次会议在北京召开，通过了修改后的《中华人民共和国宪法》。“七五宪法”不可避免地被打上了时代的烙印。这也决定了这一部宪法的时代局限性。因此，伴随着时代背景的变迁，这一宪法的命运也必然会发生改变。

四、恢复发展时期的立法成果

（一）五届全国人大期间的立法成果

五届全国人大一次会议期间，全国人大常委会第一次会议批准了《关于兵役制问题的决定》；第二次会议原则批准了《国务院关于安置老弱病残干部的暂行办法》以及《国务院关于工人退休、退职的暂行办法》，通过了《关于省人民代表大会闭会期间省人民检察院检察长产生程序的决定》；第三次会议批准了《中国人民解放军干部服役条例》；第六次会议通过了《中华人民共和国逮捕拘留条例》，原则通过了《中华人民共和国森林法（试行）》，以及通过了 3 月 12 日为我国植树节的决议。第八次会议讨论了《中华人民共和国刑法（草案）》等几个重要法案，提请第五届全国人民代表大会第二次会议审议。

五届全国人大二次会议通过了《关于中华人民共和国建国以来制定的法律、法令效力问题的决议》，既稳定了法治，也稳定了人心，避免了社会秩序的动荡。五届全国人大二次会议期间，常委会批准了《国务院关于劳动教养的补充规定》，重新公布了1957年颁布的《国务院关于劳动教养问题的决定》和《中华人民共和国治安管理处罚条例》，制定了《中外合资经营企业劳动管理规定》《关于中外合营企业建设用地的暂行规定》《中外合资经营企业登记管理办法》等。还拟订了《中华人民共和国中外合资经营企业所得税法（草案）》《中华人民共和国个人所得税法（草案）》。为了保护环境和自然资源，防治污染和其他公害，全国人大常委会原则通过了《中华人民共和国环境保护法（试行）》。全国人大常委会还通过了教育部拟订的《中华人民共和国学位条例》。

五届全国人大三次会议期间，常委会通过了《中国人民解放军选举全国人民代表大会和地方各级人民代表大会代表的办法》，通过了《中华人民共和国惩治军人违反职责罪暂行条例》。常委会批准了国务院副总理兼国家计划委员会主任姚依林代表国务院所作的《关于调整1981年国民经济计划和国家财政收支的报告》。此外，常委会还通过了《关于加强法律解释工作的决议》。常委会同意国务院的建议，决定授权广东省、福建省人民代表大会及其常务委员会，根据有关的法律、法令、政策规定的原则，按照各该省经济特区的具体情况和实际需要，制定经济特区的各项单行经济法规，并报常务委员会和国务院备案。

五届全国人大四次会议期间，常委会第二十三次会议同意宪法修改委员会的建议，决定公布宪法修改草案。根据五届全国人大四次会议的有关决议，常委会通过并公布了《中华人民共和国民事诉讼法（试行）》。一年来，常委会批准通过的法律法规主要有《国家建设征用土地条例》《中华人民共和国海洋环境保护法》《中华人民共和国商标法》《中华人民共和国食品卫生法（试行）》《中华人民共和国文物保护法》等。

五届全国人大五次会议期间，常委会审议通过了《关于县级以下人民代表大会直接选举的若干规定》。常委会还审议批准了《第六届全国人民代表大会少数民族代表名额分配方案》和《台湾省出席第六届全国人民代表大会代表协商选举方案》。

（二）六届全国人大期间的立法成果

六届全国人大一次会议期间，常委会审议通过了 5 个法律，5 个关于修改、补充法律的决定，2 个有关法律问题的决定。在经济法和行政法方面，常委会审议通过了统计法、海上交通安全法、专利法、水污染防治法和消防条例。

六届全国人大二次会议期间，常委会制定了森林法、药品管理法、会计法和涉外经济合同法，通过了关于授权国务院改革工商税制发布有关税收条例草案试行的决定，审议了国营工业企业法（草案）、草原法（草案）和关于授权国务院在经济体制改革和对外开放方面可以制定暂行的规定或者条例的决定（草案）。此外，还通过了关于刑事办案期限的补充规定、关于在沿海港口城市设立海事法院的决定，并审议了继承法（草案）。

六届全国人大三次会议期间，常委会进一步加强了立法工作，特别是经济立法。一年来，常委会制定了草原法、渔业法、计量法、矿产资源法、外国人入境出境管理法、中国公民出境入境管理法和居民身份证条例等 7 个法律，并审议、决定将民法通则、外资企业法、义务教育法 3 个法律草案提请四次大会审议。在这 10 个法律中，5 个是有关经济方面的法律，2 个是有关对外开放的法律，民法通则也是调整一定范围的经济关系的很重要的法律。根据六届全国人大三次会议的决定，全国人大常委会第十一次会议决定成立了香港特别行政区基本法起草委员会。常委会办公厅还发出了关于改进全国人大代表视察办法的意见。视察办法的改进，有助于视察工作逐步实现经常化、制度化。

六届全国人大四次会议期间，常委会经过认真审议，制定了土地管理法、邮政法、企业破产法（试行）、国境卫生检疫法、海关法、外交特权与豁免条例、治安管理处罚条例等7个法律，并经审议，决定将村民委员会组织条例（草案）提请五次会议审议。此外，常委会还两次审议了全民所有制工业企业法草案。

六届全国人大五次会议期间，全国人大常委会制定了技术合同法、大气污染防治法、档案法、水法、全国人民代表大会常务委员会议事规则、村民委员会组织法（试行）等6个法律，审议通过了关于对中华人民共和国缔结或者参加的国际公约所规定的罪行行使刑事管辖权的决定、关于惩治走私罪的补充规定、关于惩治贪污罪贿赂罪的补充规定等3个法律规定。

六届全国人大及其常委会任期的五年内，审议通过了37件法律，10件补充修改法律的决定，16件有关法律问题的决定，共63件。其中有52件是常委会审议通过的。常委会办公厅还根据一些地方的经验，先后发出关于改进全国人大代表视察办法的意见、关于全国人大代表持视察证视察的意见，制定了关于全国人大常委会加强同代表联系的几点意见。尤其是在自身建设方面，常委会第二十三次会议还制定了议事规则。

（三）七届全国人大期间的立法成果

七届全国人大一次会议期间，常委会通过了13个法律和有关法律的决定。关于修改土地管理法的决定，对于完善国家土地管理制度，充分合理地利用土地，具有重要意义。标准化法和进出口商品检验法，对于促进技术进步，提高成果质量，发展对外贸易和经济技术合作，将起到有力的推动作用。根据国家建设需要，全国人大还制定了保守国家秘密法、传染病防治法和野生动物保护法。军官军衔条例和现役军官服役条例的制定和实施，有利于加强军队的指挥、管理和现代化、正规化建设。

七届全国人大二次会议期间，常委会先后审议了 10 个法律草案，其中有 5 个已获通过。提请三次大会审议的行政诉讼法（草案）和全国人民代表大会议事规则（草案），是常委会抓紧拟订并经反复审议的两个重要法律草案。全国人民代表大会议事规则，是最高国家权力机关行使职权的程序法。它的制定和实施，有利于进一步发扬民主和提高议事效率，标志着全国人大工作向制度化、法律化迈进了一步。香港特别行政区基本法的起草工作已经完成，经再次征询意见并修改后，提请七届全国人大三次会议通过。

七届全国人大三次会议期间，常委会共审议了 13 个法律草案，其中已通过 8 个，决定将两个法律草案提交四次会议审议；还通过了 4 个有关法律问题的决定。

七届全国人大四次会议期间，常委会共审议了 16 个法律草案，已通过的有水土保持法、进出境动植物检疫法、烟草专卖法、未成年人保护法、收养法、领海及毗连区法等 10 个法律，决定提请七届全国人大五次大会审议的有代表法、工会法、妇女权益保障法 3 个法律草案。此外，全国人大常委会还通过了关于惩治走私罪和惩治贪污罪、贿赂罪的两个补充规定。

七届全国人大五次会议期间，全国人大常委会制定了《中华人民共和国警察警衔条例》《中华人民共和国税收征收管理法》《中华人民共和国海商法》《中华人民共和国矿山安全法》《中华人民共和国测绘法》《中华人民共和国国家安全法》《中华人民共和国产品质量法》等7个法律，审议通过了《关于惩治偷税、抗税的补充规定》《关于修改〈中华人民共和国专利法〉的决定》《关于修改〈中华人民共和国商标法〉的决定》《关于惩治假冒注册商标犯罪的决定》《关于惩治劫持航空器犯罪分子的决定》等5个法律规定。总之，七届全国人大任期的五年来，全国人大及其常委会通过了宪法修正案和59个法律，27个关于法律问题的决定，共计87个。其中62个是由常委会通过的。这些法律的制定或修改，促进了我国社会主义各项事业的发展。

（四）八届全国人大期间的立法成果

八届全国人大期间，我国立法工作的步伐明显加快。全国人大及其常委会的五年任期内，共审议法律和有关法律问题的决定草案129个；通过法律85个、有关法律问题的决定33个。八届全国人大一次会议期间，常委会共制定、修改法律和通过有关法律问题的决定21个，其中有关社会主义市场经济方面的占13个。此外，还通过了《关于严惩组织、运送他人偷越国（边）境犯罪的补充规定》，制定了《关于加强对法律实施情况检查监督的若干规定》。八届全国人大二次会议期间，常委会共审议了31个法律草案和关于法律问题的决定草案，通过了21个法律和关于法律问题的决定。三次会议期间，共审议了28个法律和有关法律问题决定的草案，通过了15个法律和有关法律问题的决定。四次会议期间，常委会通过了20个法律和有关法律问题的决定。

八届全国人大五次会议期间，全国人大常委会共审议通过了41个法律和关于法律问题的决定。

（五）九届全国人大期间的立法成果

九届全国人大一次会议期间，全国人大及其常委会共审议法律草案和有关法律问题的决定草案28件，其中，通过法律11件，通过关于法律问题的决定10件。二次会议期间，常委会共审议法律草案31件，通过了21件，起草和审议3项监督工作的单项规定和决定。三次会议期间常委会审议通过法律14件、有关法律问题的决定和法律解释各1件。四次会议期间全年共审议有关法律的议案30件，其中通过法律16件、法律解释1件、关于法律问题的决定3件。五次会议期间，全国人大常委会共审议通过了24个法律和关于法律问题的决定。九届全国人大期间，常委会共审议了124件法律、法律解释和有关法律问题的决定草案。其中，由常委会审议通过102件，由常委会审议后提请代表大会审议通过7件。另有4件有关法律问题的决定由代表大会审议通过。九届全国人大期间的立法成果，为改革、发展、稳定和社会主义现代化建设进一步提供了法律保障，向初步形成中国特色社会主义法律体系又迈进了一步。

（六）十届全国人大期间的立法成果

十届全国人大一次会议期间，审议通过了宪法修正案；制定了五年立法规划；审议了12件法律草案和有关法律问题的决定草案，通过了其中的10件；批准了《国务院关于规范处理1995年以前中央财政向人民银行借款问题的报告》。二次会议期间，常委会共审议了33件法律草案、法律解释草案和有关法律问题的决定草案，通过了25件，批准了《国务院关于1998年特别国债付息问题的报告》。三次会议期间，全国人大及其常委会共审议25件法律草案、法律解释草案和有关法律问题的决定草案，通过了18件。四次会议期间，全国人大常委会共审议24件法律草案和有关法律问题的决定草案，其中，14件已经通过，5件提请大会审议。十届全国人大五次会议期间，全国人大常委会共审议通过了33个法律和关于法律问题的决定。十届全国人大的五年期间，全国人大及其常委会共审议宪法修正案草案、法律草案、法律解释草案和有关法律问题的决定草案106件，通过了其中的100件，为建立健全社会主义法律体系作出了新的贡献。

（七）十一届全国人大期间的立法成果

十一届全国人大一次会议期间，共审议15件法律案，通过9件。制定的法律包括企业国有资产法、食品安全法、刑法修正案（七）、循环经济促进法，修改了防震减灾法、残疾人保障法、消防法、保险法、专利法。十一届全国人大二次会议期间，全国人大常委会共审议22件法律草案和有关法律问题的决定草案，通过14件；修改法律59件。常委会制定了农村土地承包经营纠纷调解仲裁法、国防动员法、人民武装警察法、驻外外交人员法、海岛保护法，修改了常委会议事规则、邮政法、统计法、著作权法，作出了关于授权澳门特别行政区对设在横琴岛的澳门大学新校区实施管辖的决定等。在法律清理工作方面，作出关于废止部分法律的决定，废止公安派出所组织条例、城市街道办事处组织条例等8件法律和有关法律问题的决定，作出关于修改部分法律的决定，一揽子对59件法律的141个条文作出修改，取得了显著成效。十一届全国人大三次会议期间，审议通过16件法律和有关法律问题的决定。这是创制性立法成果，也就是在主动立法方面取得的成果。在法律清理方面，共修改行政法规107件、地方性法规1417件，废止行政法规7件、地方性法规455件，全面完成对现行法规的集中清理任务。实际上，十一届全国人大三次会议还审议通过了关于修改《中华人民共和国全国人民代表大会和地方各级人民代表大会选举法》的决定。对选举法的修改，逐步实行城乡按相同人口比例选举人大代表的要求，是中国特色社会主义选举制度的自我完善与发展。十一届全国人大四次会议期间，常委会共审议24件法律草案、法律解释草案和有关法律问题的决定草案，通过14件。常委会还修改了兵役法、居民身份证法、清洁生产促进法，作出了关于加强反恐怖工作有关问题的决定。十一届全国人大五次会议期间，全国人大常委会共审议通过了33个法律和关于法律问题的决定。十一届全国人大的五年，全国人大及其常委会共审议法律草案、法律解释草案和有关法律问题的决定草案93件，通过86件，为中国特色社会主义法治体系建设作出了新的贡献。

五、新时代的立法成果

中国特色社会主义进入新时代。全国人大及其常委会的立法工作进入了一个加快发展的新阶段，呈现“覆盖广、数量多、节奏快、要求高”的新特点。[1] 这是对新时代立法工作特征的高度概括。

（一）十二届全国人大期间的立法成果

十二届全国人大一次会议期间，常委会审议了15件法律草案和有关法律问题的决定草案，通过了其中的10件；涉及修改21部法律，新制定2部法律。常委会新制定旅游法，重点保障旅游者的合法权益；制定的特种设备安全法，重点强化了特种设备生产安装、经营使用、维护保养、检验检测等全过程监管。常委会还修改了消费者权益保护法，在规范网络购物等新型消费方式、更好发挥消费者协会作用等方面，保护消费者合法权益；修

〔1〕 全国人民代表大会常务委员会办公厅编：《中华人民共和国第十三届全国人民代表大会第四次会议文件汇编》，人民出版社2021年版，第439页。

改了商标法，进一步简化商标注册、审查程序，扩大商标注册范围，厘清驰名商标保护制度，严格商标侵权行为的法律责任。在法律清理方面，常委会先后通过关于修改文物保护法等 12 部法律的决定、关于修改海洋环境保护法等 7 部法律的决定，通过关于废止有关劳动教养法律规定的决定，明确废止全国人大常委会的相关决议，以及《国务院关于劳动教养问题的决定》《国务院关于劳动教养的补充规定》等。

二次会议期间，常委会共审议 20 件法律草案，修改法律 10 件，制定法律 2 件，作出 8 个法律解释。常委会制定了航道法；全面修订了环境保护法，进一步明确政府监管职责，完善生态保护红线、污染物总量控制、跨行政区域联合防治等制度；修改了行政诉讼法，重点解决行政诉讼立案难、审理难、执行难等突出问题，从扩大受案范围、畅通诉讼渠道、调整案件管辖、规范诉讼程序等方面完善行政诉讼制度；修改了预算法，重点从实行政府全口径预算管理、完善财政转移支付制度、健全地方政府债务管理机制、推进预算公开和绩效管理、加强人大预算决算审查监督。常委会还修改了军事设施保护法、保险法、证券法、注册会计师法、政府采购法、气象法等；加强了法律解释工作，审议通过关于刑法、刑事诉讼法有关规定的 7 个法律解释，就民法通则、婚姻法有关公民姓名权的规定作出解释。

三次会议期间，常委会制定 5 部法律，修改 37 部法律和 1 个有关法律问题的决定，决定提请全国人民代表大会审议的法律案 1 件，通过 8 个有关法律问题的决定。制定国家安全法，为加快构建国家安全体系、走中国特色国家安全道路夯实了法律基础；通过了反恐怖主义法，确定了我国反恐怖主义工作的基本原则，健全了工作体制机制，强化了安全防范、应对处置、国际合作和保障措施；制定了反家庭暴力法，为推动解决妇女、未成年人等群体遭受家庭暴力问题，维护平等和睦文明的家庭关系，提供了更加完善的法律保障。此外，还制定了深海海底区域资源勘探开发法，通过了刑法修正案（九）；修订了大气污染防治法、食品安全法、人口与计划生育法、广告法、种子法、促进科技成果转化法、教育法、高等教育法等。

四次会议期间，常委会制定 8 部法律，修改 27 部法律，通过 7 个有关法律问题的决定决议，作出 1 个法律解释。常委会审议通过了公共文化服务保障法，明确政府在公共文化服务工作中的职责，确立公共文化服务的基本原则和保障制度等；通过了电影产业促进法，规范电影创作、摄制、发行、放映等活动，加大对电影产业的支持和保障力度；通过环境保护税法，以充分发挥税收在控制和减少污染物排放、保护和改善生态环境方面的积极作用；通过中医药法，以充分发挥中医药在我国医药卫生事业中的作用。此外，常委会还制定了资产评估法，通过了境外非政府组织境内活动管理法、网络安全法、国防交通法等，修改了民办教育促进法、野生动物保护法、海洋环境保护法、红十字会法、企业所得税法等。十二届全国人大四次会议通过了《中华人民共和国慈善法（草案）》。

十二届全国人大五次会议，审议通过《中华人民共和国民法总则》《中华人民共和国香港特别行政区选举第十三届全国人民代表大会代表的办法》《中华人民共和国澳门特别行政区选举第十三届全国人民代表大会代表的办法》。十二届全国人大五次会议期间，全国人大常委会共制定 8 部法律，修改了 34 部法律。通过《中华人民共和国国歌法》规范国歌的奏唱、播放和使用，有助于增强公民的国家观念，弘扬爱国主义精神，培育和践行社会主义核心价值观；通过《中华人民共和国核安全法》，有助于维护国家核安全，为核安全生产使用，防止核恐怖主义作出法律保证；制定《中华人民共和国国家情报法》，有利于加强和保障国家情报工作，维护国家安全和利益；通过《中华人民共和国公共图书馆法》，有助于发挥公共图书馆功能，促进公共图书馆事业发展，保障公民基本文化权益，提高公民科学文化素质和社会文明程度；通过《中华人民共和国烟叶税法》《中华人民共和国船舶吨税法》，体现了税收法定原则等。此外，常委会还修改通过了《中华人民共和国农民专业合作社法》《中华人民共和国会计法》《中华人民共和国海洋环境保护法》《中华人民共和国文物保护法》《中华人民共和国海关法》《中华人民共和国中外合作经营企业法》《中华人民共和国母婴保健法》《中华人民共和国民用航空法》《中华人民共和国公路法》《中华人民共和国港口法》《中华人民共和国职业病防治法》《中华人民共和国境外非政府组织境内活动管理法》等。

总之，十二届全国人大的五年来，全国人大及其常委会制定法律 25 件，修改法律 127 件次，通过有关法律问题和重大问题的决定 46 件次，作出法律解释 9 件。共审议通过 15 个统筹修改法律的决定，涉及修改法律 95 件次，共作出 21 件授权决定和改革决定，涉及自由贸易试验区、农村集体土地制度、司法体制、国防和军队等方面的一批重大改革。总体上呈现“立法数量多、分量重、节奏快、效果好”的局面。[1]

（二）十三届全国人大期间的立法成果

十三届全国人大一次会议通过了《中华人民共和国宪法修正

〔1〕 全国人民代表大会常务委员会办公厅编：《中华人民共和国第十二届全国人民代表大会第五次会议文件汇编》，人民出版社 2017 年版，第 260 页。

案（草案）》，是全面推进依法治国、推进国家治理体系和治理能力现代化的重大举措；通过了《中华人民共和国监察法（草案）》，有利于构建集中统一、权威高效的国家监察体系，是坚持走中国特色监察道路的开拓性举措。十三届全国人大一次会议期间，制定法律 8 件，修改法律 47 件次，通过有关法律问题和重大问题的决定 9 件。制定电子商务法，有利于促进电子商务健康发展、维护消费者合法权益；制定土壤污染防治法，为推进净土保卫战提供有力法治保障，制定英雄烈士保护法，为维护国家安全特别是意识形态安全提供了法律保障。常委会还制定了耕地占用税法、车辆购置税法、人民陪审员法、国际刑事司法协助法等。此外，常委会还修改了农村土地承包法、公司法、民用航空法、电力法、港口法、企业所得税法、公务员法、村民委员会组织法、城市居民委员会组织法、反恐怖主义法、国家情报法等。

十三届全国人大二次会议通过了外商投资法草案，是我国外商投资法律制度与时俱进、完善发展的重要体现，有利于进一步促进外商投资工作的开展。十三届全国人大二次会议期间，常委会共审议法律草案、决定草案 48 件，通过 34 件，其中制定法律 5 件，修改法律 17 件，作出有关法律问题和重大问题的决定 12 件。常委会制定了基本医疗卫生与健康促进法，为全方位、全周期维护人民健康提供了法律保障；制定了疫苗管理法，为疫苗研发、生产、流通、接种加上一把“安全锁”。此外，还制定了社区矫正法，制定密码法，制定资源税法。在修改法律方面，一揽子修改建筑法、消防法、电子签名法、城乡规划法、车船税法、商标法、反不正当竞争法、行政许可法，完成相关法律的衔接；修改台湾同胞投资保护法，确保改革成果同步惠及台湾同胞。此外，还修改了固体废物污染环境防治法、森林法、土地管理法、城市房地产管理法、药品管理法、法官法、检察官法等。在有关法律的决定方面，作出关于授权国务院在自由贸易试验区暂时调整适用有关法律规定的决定，授权澳门特别行政区对横琴口岸澳方口岸区及相关延伸区实施管辖的决定，授权国务院在海南自由贸易试验区暂时调整适用土地管理法、种子法、海商法的有关规定；作出关于国家监察委员会制定监察法规的决定，关于废止有关收容教育法律规定和制度的决定，以及关于授权开展民事诉讼程序繁简分流改革试点工作的决定等。

十三届全国人大三次会议，审议通过了《中华人民共和国民法典（草案）》和《全国人民代表大会关于建立健全香港特别行政区维护国家安全的法律制度和执行机制的决定（草案）》。这是两个重要的法律成果。前者是我国法治建设的一个标志性重大成果，后者是新形势下坚持和完善“一国两制”制度体系、坚持依法治港、维护宪法和基本法确定的特别行政区宪制秩序的重大举措。十三届全国人大三次会议期间，常委会制定法律 9 件，修改法律 13 件，作出有关法律问题和重大问题的决定 8 件。常委会制定的法律包括公职人员政务处分法、香港特别行政区维护国家安全法、生物安全法、出口管制法、城市维护建设税法、契税法、长江保护法、海警法、退役军人保障法等，修改的法律有：国旗法、国徽法、选举法、动物防疫法、档案法、国防法、人民武装警察法、专利法、著作权法、未成年人保护法、预防未成年人犯罪法、行政处罚法、土壤污染防治法、固体废物污染环境防治法等。此外，常委会还通过了一些决定，包括：关于香港第六届立法会继续履行职责的决定、关于香港立法会议员资格问题的决定、关于授予国家勋章和国家荣誉称号的决定、关于设立海南自由贸易港知识产权法院的决定和关于设立北京金融法院的决定等。

十三届全国人大四次会议审议通过了《中华人民共和国全国人民代表大会组织法（修正草案）》《中华人民共和国全国人民代表大会议事规则（修正草案）》《全国人民代表大会关于完善香港特别行政区选举制度的决定（草案）》。这些政治成果都具有非常重要的意义。十三届全国人大四次会议期间，常委会制定法律17件，修改法律22件，作出有关法律问题和重大问题的决定10件。具体来说，常委会制定了数据安全法，提升国家数据安全保障能力；制定反外国制裁法，健全完善反制裁、反干涉、反制“长臂管辖”的法律制度；制定湿地保护法，强化湿地保护和修复，维护生物多样性；制定噪声污染防治法，维护人民生活环境和谐安宁；制定反有组织犯罪法，推动依法开展常态化、机制化扫黑除恶。此外，还制定了乡村振兴促进法、印花税法、海南自由贸易港法、军人地位和权益保障法、家庭教育促进法、监察官法、医师法、个人信息保护法、反食品浪费法、法律援助法等。法律修订方面，常委会修订了兵役法、军事设施保护法、人口与计划生育法、教育法、安全生产法、工会法、种子法、科学技术进步法、审计法、道路交通安全法、海上交通安全法、消防法、进出口商品检验法、广告法、草原法、民用航空法、海关法、食品安全法、民事诉讼法、中国人民解放军选举全国人大和县级以上地方各级人大代表的办法等22件。法律方面的决定也有一些，包括关于中国人民解放军现役士兵衔级制度等决定、关于授权国务院在部分地区开展房地产税改革试点工作、关于设立成渝金融法院的决定以及授权上海市人大及其常委会制定浦东新区法规等决定。

十三届全国人大五次会议审议通过了《中华人民共和国地方各级人民代表大会和地方各级人民政府组织法（修正草案）》。

该法的修改有助于坚持和完善人民代表大会制度，深化党和国家机构改革，推进国家治理体系和治理能力现代化。

十三届全国人大五次会议期间，全国人大常委会共审议通过了24个法律和关于法律问题的决定，包括制定6件法律，修改10件法律，作出1件法律解释，通过7件有关决定。具体来说，制定《中华人民共和国预备役人员法》，有助于规范预备役人员管理，维护预备役人员合法权益，保障预备役人员有效履行职责使命，加强国防力量建设；制定《中华人民共和国期货和衍生品法》，对于促进经济社会发展，维护社会主义市场经济秩序和社会公共利益，防范和化解金融风险，维护国家经济安全，将发挥十分重要的作用；制定《中华人民共和国黑土地保护法》，对于确保黑土地总量不减少、功能不退化、质量有提升、产能可持续，以法治方式保护好黑土地，具有重要意义。新制定的《中华人民共和国反电信网络诈骗法》注重源头治理、综合治理，针对电信网络诈骗发生的信息链、资金链、技术链、人员链等各环节，作出防范性制度规范，可以在保护人民群众财产安全、维护社会和谐稳定方面发挥重要作用；制定《中华人民共和国黄河保护法》，为黄河流域生态保护和高质量发展提供了法治保障。此外，常委会还修订通过了野生动物保护法、对外贸易法、职业教育法、农产品质量安全法、妇女权益保障法、畜牧法等10件法律。

第二节　决策成果

决策主要是指人大及其常委会针对国家和社会公共事务，选择行动方案，并作出决定的活动。所以，决策成果，实际上是全国人大及其常委会制定公共政策行为的产出，也是人大及其常委会行使重大事项决定权的结果。不过，也有一部分是人大及其常委会行使监督权的结果。前一部分决策成果具有决定性意义，而后一部分则具有宣示性意义。由此可以将决策成果分为两大类型：决定性决策成果和宣示性决策成果。[1]

一、初步发展时期的决策成果

（一）决定性决策成果

1. 决定。一届全国人大期间的很多决定都是有关政权建设的，尤其是人大制度的各方面建设。当然，还有一些决定涉及国家的经济、文化建设等方面。（1）政权建设。首先是人大建设。一次会议期间，常委会第七次会议通过了《关于设立全国人民代表大会代表办事处的决定》；第八次会议对第一届地方各级人民代表大会任期问题和省、县、乡改变建置后本届人民代表大会代表名额问题，作出了决定；第十六次会议决定通知全国人民代表大会代表在这次大会之前，尽可能抽出一定时间，到原选举单位的地区、原籍或其他地区视察工作。二次会议期间，常委会第二十次会议通过了《关于全国人民代表大会代表和省、自治区、直辖市人民代表大会代表视察工作的决定》，规定全国人民代表大会代表和省、自治区、直辖市人民代表大会代表每年应当视察工作两次。在解释法律方面，常委会第二十二次会议通过了《关于地方各级人民委员会的组成人员是否限于本级人民代表大会代表

〔1〕 陈家刚：《现代中国民主制度的建构与运行：第一届全国人大研究（1954—1959）》，广东人民出版社 2010 年版，第 214—215 页。

问题的决定》，常委会第三十九次会议通过了《关于自治州人民代表大会和人民委员会每届任期问题的决定》。常委会第四十次会议通过了《关于1956年直辖市和县以下各级人民代表大会代表选举时间的决定》，根据国务院总理周恩来的提请，通过了《关于县、市、市辖区、乡、民族乡、镇人民代表大会代表名额等问题的决定》。其次是其他方面的建设。除了人大方面，决定的内容还涉及政府的人事问题、司法机关的人事问题和职权问题以及国家主席的职权等方面。二次会议期间，常委会第二十二次会议通过了《关于在地方各级人民代表大会闭会期间省长自治区主席市长州长县长区长乡长镇长和地方各级人民法院院长缺额补充问题的决定》。常委会第二十六次会议通过了《关于地方各级人民法院院长人民检察院检察长可否兼任各级人民委员会的组成人员问题的决定》。常委会第三十次会议还通过了《关于在中华人民共和国主席和副主席休假或者外出期间由全国人民代表大会常委会委员长接受外国使节的决定》。这实际上是国家主席职权的代理行使问题。常委会第三十九次会议通过了《关于不公开进行审理的案件的决定》《关于被剥夺政治权利的人可否充当辩护人的决定》。前两个决定涉及政府和司法机关人员的补充和兼职问题，后面两个决定则涉及国家司法制度方面的重要内容。三次会议期间，常委会第五十一次会议通过了《关于宽大处理和安置城市残余反革命分子的决定》《关于对反革命分子的管制一律由人民法院判决的决定》。这两项决定是革命法治的重要依据，在一定程度上体现了革命法治的特征。（2）经济文化建设。首先，在经济建设方面，三次会议期间，常委会在第五十一次会议上通过了《关于增加农业生产合作社社员自留地的决定》。其次，在文化建设方面，二次会议期间，常委会第二十二次会议审议了国务院总理周恩来提出的建议，决定授予朱德、彭德怀、林彪、刘伯承、贺龙、陈毅、罗荣桓、徐向前、聂荣臻、叶剑英中华人民共和国元帅军衔；审议了国务院总理周恩来提请授予在中国人民革命战争时期有功人员一级八一勋章、一级独立自由勋章、一级解放勋章的第一批名单，决定授予朱德等 131 人一级八一勋章，授予朱德等 117 人一级独立自由勋章，授予朱德等 570 人一级解放勋章。这是国家荣誉制度的重要内容。从表面上看，这是对革命战争中有功人员的一种褒奖，但是从深层来看，也是对革命战争的一种肯定，对于巩固国家军事力量，确认政权的合法性具有重要意义。在第二十三次会议上，常委会还通过了《关于处理违法的图书杂志的决定》。图书杂志是传播思想文化的载体，所以这个决定也是国家重视文化领域建设的一种表现。此外，二次会议期间，常委会第三十四次会议通过了《关于处理在押日本侵略中国战争中战争犯罪分子的决定》。这既是国家政权对战争的一种内部处理，也因为战争的涉外性质而体现了国际关系。这个决定的出台，在一定程度上反映了国际关系尤其是中日关系的变化。

2. 决议。全国人大及其常委会作出的决议，有些是针对法律作出的决议，有些是针对具体事务作出的决议。据此可以将它们分为两种类型：法律性决议和事务性决议。法律性决议在某种程度上具有立法的性质，所以，一般可以将这些决议视为立法成果；而事务性决议则更能直接体现出人大及其常委会的重大事务决定权，所以，可以视为决策成果。事务性决议是针对具体的问题作出的，它直接处理的是具体事务，而不是一般性问题。这些事务性决议主要涉及人大的选举或会议、行政区划的变更和授勋等方面。首先，有关人大自身的决议是事务性决议的一项重要内容。这主要涉及两个方面：一是人大选举，二是人大会议。二次会议期间，常委会第四十次会议通过了《关于准备召集第一届全国人民代表大会第三次会议的决议》。其次，还有一些决议是有关人事任免或授勋的。在授勋方面，一次会议期间，常委会第七次会议通过了《关于规定勋章奖章授予中国人民解放军在中国人民革命战争时期有功人员的决议》《关于规定勋章奖章授予中国人民解放军在保卫祖国和进行国防现代化建设中有功人员的决议》，以及《关于授予中国人民志愿军抗美援朝保家卫国有功人员勋章奖章的决议》。三次会议期间，常委会第七十四次会议审议了国务院总理周恩来提请授予在中国人民革命战争时期有功人员勋章的名单，通过了《关于授予在中国人民革命战争时期有功人员勋章的决议》。此外，行政区划的变更是另一项重要的内容。二次会议期间，常委会第二十一次会议通过了《关于成立新疆维吾尔自治区、撤销新疆省建制的决议》。

3. 事务性报告。事务性报告都是针对具体事务的。这些事务有些是例行性的，有些则是一次性的。例行性事务报告主要是国民经济计划的报告和国家年度决算预算的报告。非例行性事务报告一次是关于开发黄河水利的，一次是关于文字改革的。这些事务性报告都是人大的全体会议通过的。从这些报告的内容可以看出，它们都与人大及其常委会的重大事项决定权密切相关。（1）例行性事务报告。首先，一届全国人大期间通过了一些国民经济计划报告。二次会议通过了关于发展国民经济的第一个五年计划的报告。其次，一届全国人大二次会议以后，年度决算预算报告成为人大审批的重要内容。二次会议通过关于 1954 年国家决算和 1955 年国家预算的报告；三次会议通过关于 1955 年国家决算和1956年国家预算的报告。（2）一次性事务报告。一届全国人大期间，全国人大主要通过了两个一次性事务报告。二次会议通过了《关于根治黄河水害和开发黄河水利的综合规划的报告》。古语云："俟河之清，人寿几何?"数千年来，黄河哺育了中华儿女，是孕育中华文明的母亲河。但是随着环境的恶化，黄河水灾也成了流域人民的梦魇。长期以来，治理黄河成为中国人民的梦想。所以，根治黄河水害和开发黄河水利的综合规划反映了全国人民的意愿。人大代表们纷纷用"圣人出，黄河清""海晏河清"等话语来形容这一不朽的盛业。

（二）宣示性决策成果

宣示性决策成果主要是指国务院、最高人民法院以及最高人民检察院的一般性工作报告。在一届全国人大期间，这些报告都出现过，但都没有成为例行性报告。这表明了这方面的工作还没有制度化。一是政府工作报告。从一次会议开始，人大议程中就有了政府工作报告，但二次和三次会议政府工作报告没有列入议程。二是人大常委会工作报告。从二次会议开始，人大常委会工作报告就成为人大会议的例行议程。彭真副委员长兼秘书长始终是工作报告的报告人。报告首先对一年来人大常委会工作的总体情况简要介绍，然后再分别介绍各方面工作的具体情况，主要有国际事务、制定法令、组织和人事任免、听取工作报告以及人民来信等。从这些方面，就可以透视出人大常委会工作的成就与变化。

二、受挫时期的决策成果

（一）决定性决策成果

1. 决定。一届全国人大四次会议期间，全国人大常委会第八十四次会议通过《关于省、直辖市人民代表大会会议可以每年举行一次的决定》，第八十六次会议通过《关于1958年直辖市和县以下各级人民代表大会代表选举时间的决定》，第九十次会议上通过了《关于适当提高高级农业生产合作社公积金比例的决定》。五次会议期间，常委会第九十五次会议通过《关于地方各级人民代表大会代表名额问题的决定》，第九十八次会议通过《关于第二届全国人民代表大会代表选举时间和第二届全国人民代表大会第一次会议召开时间的决定》。

二届全国人大一次会议期间，常委会第九次会议通过《关于特赦确实改恶从善的罪犯的决定》《关于直辖市和较大的市可以领导县自治县的决定》，第十二次会议通过《关于最高人民法院和地方各级人民法院助理审判员任免问题的决定》。二届全国人大二次会议期间，常委会第三十二次会议通过《关于特赦确实改恶从善的蒋介石集团和伪满洲国的战争罪犯的决定》，第四十六次会议决定第二届全国人民代表大会第三次会议延期于1962年召开，并且将在第三次会议上提请大会追认，第四十七次会议通过《关于特赦确实改恶从善的蒋介石集团和伪满洲国战争罪犯的决定》。二届全国人大三次会议期间，常委会第九十一次会议通过了《关于特赦确实改恶从善的蒋介石集团、伪满洲国和伪蒙疆自治政府的战争罪犯的决定》。二届全国人大四次会议期间，常委会第一百二十四次会议批准了《第三届全国人民代表大会三百名少数民族代表名额分配方案》，通过了《关于特赦确实改恶从善的蒋介石集团、伪满洲国和伪蒙疆自治政府的战争罪犯的决定》。

三届全国人大一次会议期间，常委会第一次会议通过《关于军士和兵的现役期限的决定》，第九次会议通过《关于取消中国人民解放军军衔制度的决定》，第二十四次会议决定第三届全国人民代表大会第一次会议、政协第四届全国委员会第二次会议延期召开，第二十九次会议通过《关于特赦确实改恶从善的蒋介石集团、伪满洲国和伪蒙疆自治政府的战争罪犯的决定》，第三十三次会议决定第三届全国人民代表大会第二次会议改期召开。

2. 决议。一届全国人大四次会议通过了关于第二届全国人民代表大会代表选举问题的决议。四次会议期间，常委会第七十九次会议根据中国共产党中央委员会的建议，通过了庆祝伟大的十月社会主义革命四十周年的决议。这个决议体现了对苏联十月革命的无限敬仰，也是新中国奉行一边倒外交政策的一个重要体现。一届全国人大五次会议，通过了关于将直辖市天津市改为河北省省辖市的决议。五次会议期间，常委会第一百零三次会议通过《关于改期召开第二届全国人民代表大会第一次会议的决议》。

二届全国人大一次会议期间，常委会第五次会议通过了《关于调整1959年国民经济计划主要指标和开展增产节约运动的决议》。二届全国人大三次会议期间，常委会第七十六次会议通过了《关于召开第二届全国人民代表大会第四次会议和延期举行第三届全国人民代表大会代表选举的决议》，第九十八次会议通过了《关于改期召开第三届全国人民代表大会第四次会议的决议》，第一百零四次会议决定第二届全国人民代表大会第四次会议在11月中旬召开。常委会第一百零八次会议通过了《关于第三届全国人民代表大会代表名额和选举时间的决议（草案)》，提请第二届全国人民代表大会第四次会议审议。

三届全国人大常委会第十三次会议在听取国务院副总理兼财政部部长李先念《关于〈一九六四年国家决算和一九六五年国家预算（草案)〉的说明》后，通过《关于一九六四年国家决算和一九六五年国家预算的决议》。第十五次会议通过《关于批准成立西藏自治区的决议》。这是民族区域自治政策的又一次成功实践。

3. 事务性报告。一届全国人大四次会议通过了《关于1957年度国民经济计划的报告》；五次会议通过了《关于1958年度国民经济计划草案的报告》。“一五”计划报告是在计划执行两年多以后通过的，它标志着计划经济时代正式登上中国的历史舞台。“一五”计划完成，“二五”计划即将开始。在还没有正式通过“二五”计划之前，审批年度国民经济计划成为全国人大行使重大事项决定权的另一项重要内容。一届全国人大四次会议通过《关于一九五六年国家决算和一九五七年国家预算的报告》；五次会议通过《关于一九五七年国家预算执行情况和一九五八年国家预算的报告》。对年度预算的审批是重大事项决定权的体现，而对决算的审批则体现了人大对预算执行情况的监督，所以，它是人大行使监督权的一种体现。四次会议通过了《关于成立广西壮族自治区、[1]宁夏回族自治区的报告》。报告人是民族事务委员会主任乌兰夫。报告首先介绍了两个民族的分布情况，随后阐述了成立民族自治区的不同方案，最后重点论述了成立两个民族自治区的重大意义。报告指出，两个自治区的准备成立充分说明，党和政府对于民族区域自治政策的贯彻实行是坚决的、始终不渝的。[2]五次会议通过了关于当前文字改革工作和汉语拼音方案的报告。吴玉章主任在报告中对当前文字改革工作的进展和汉语拼音方案的特点和好处作了大量阐述。一届全国人大批准这

〔1〕 1957年成立时称广西僮族自治区，1965年根据周恩来提议经国务院批准，改为“广西壮族自治区”。

〔2〕 中华人民共和国第一届全国人民代表大会第四次会议秘书处编：《中华人民共和国第一届全国人民代表大会第四次会议汇刊》，人民出版社1957年版，第179—182页。

一报告，也意味着批准了文字改革工作和汉语拼音方案。这对于提高人民的文化水平和促进社会主义建设具有重要的作用。[1]

（二）宣示性决策成果

1. 政府工作报告。一届全国人大一次会议出现政府工作报告，二次会议和三次会议政府工作报告没有纳入议程，直到一届全国人大四次会议，政府工作报告才重新进入议程。但五次会议上，政府工作报告再次从议程中消失。1954 年一届全国人大一次会议宣布了新旧政府体制的交接，而 1957 年则是整风运动，带来“反右”运动，进而影响此后历史进程的重要时期。从报告的内容来看，一届全国人大一次会议的报告主要是全面阐述新中国成立五年来中央人民政府在经济、内政和外交方面取得的成绩与不足。而四次会议的报告发生了重大变化。其主要内容包括五个部分：(1) 关于社会主义革命；(2) 关于社会主义建设；(3) 关于人民生活；(4) 关于国家基本制度；(5) 关于国内外团结。围绕这些方面，报告主要阐述了工作的巨大成就，对“有些人”或右派的言论逐一进行反驳。[2] 所以，报告的主题实际上就是反右。总体上看，一次会议报告的重要任务是对中央人民政府成立五年来的工作作出评价，以肯定这些年党和政府的工作；而四次会议报告的重要任务则是对三次会议以来的工作进行评价，反击右派言论。

三届全国人大一次会议是“文化大革命”前召开的最后一次全国人大会议。在这次会议上，周恩来总理作了政府工作报告。

---

〔1〕 中华人民共和国第一届全国人民代表大会第五次会议秘书处编：《中华人民共和国第一届全国人民代表大会第五次会议汇刊》，人民出版社 1958 年版，第 100 页。

〔2〕 中华人民共和国第一届全国人民代表大会第四次会议秘书处编：《中华人民共和国第一届全国人民代表大会第四次会议汇刊》，人民出版社 1957 年版，第 13—56 页。

他的报告共分三个部分：第一部分是国民经济的成就和今后的建设任务；第二部分是社会主义革命和人民民主统一战线；第三部分是国际形势和我国对外工作。报告指出，五年来，我们在全国范围内开展了阶级斗争、生产斗争、科学实验三大革命运动；同时，在国际上，我们同美帝国主义、各国反动派和现代修正主义进行了针锋相对的斗争。报告号召，我们要进一步开展社会主义教育运动，根据社会主义的彻底革命的原则，在政治、经济、思想和组织这四个方面，进行清理和基本建设，在人民群众中深刻地进行一次阶级教育和社会主义教育。在此基础上，争取在不太长的历史时期内，把我国建成一个具有现代农业、现代工业、现代国防和现代科学技术的社会主义强国。在国际方面，我们要继续同全世界人民一起，坚决反对美帝国主义及其走狗，为争取世界和平、民族解放、人民民主和社会主义事业的新胜利而奋斗。[1] 可见，报告中反映的信息是复杂的、矛盾的，同时也充满了革命和斗争的气息，已经预示了“文化大革命”发生的必然性。

2. 最高人民法院、最高人民检察院工作报告。一届全国人大四次会议，也就是在反右刚刚展开以后，最高人民法院工作报告和最高人民检察院工作报告出现在大会议程当中。最高人民法院工作报告共分为四部分。第一部分总结了1957年1月—5月的全国法院工作情况；第二部分重点报告了刑事案件情况，特别是指出了反革命势力已经基本肃清，但是还存在着残余势力需要重点打击；第三部分主要介绍了民事案件情况，主要包括婚姻家庭关系和经济纠纷等；最后一部分重点围绕法院工作批评了右派分子对肃反工作和司法改革的攻击。所以，最高人民法院院长董必武

---

〔1〕 人民出版社编：《中华人民共和国第三届全国人民代表大会第一次会议主要文件》，人民出版社1965年版，第5—33页。

的工作报告既是对法院工作成绩的一种肯定，也是对右派言论的一种反驳。最高人民检察院检察长张鼎丞的工作报告共分为五个部分：第一，一年多来大肃反斗争情况，重点介绍了肃反工作的成绩；第二，1955 年以来肃反案件的检查工作，表明了肃反运动基本上是健康的，但是也检查出一些偏差和错误；第三，惩治其他刑事犯罪分子的斗争，包括惩治盗窃、诈骗、强奸、凶杀等各种危害社会治安的刑事犯罪等方面所取得的成绩；第四，检察机关的业务进展，包括检察机关的组织建设、提起公诉、申诉以及劳改监督工作等方面的改进和发展；第五，对在押日本战犯的处理情况，表明了党和政府在对待战犯方面的人道主义精神和宽大的政策。报告最后指出检察工作所取得的成绩要归功于党中央和全国人大常委会的正确领导以及有关部门的配合和群众的支持，而检察机关发生的缺点与错误都与最高人民检察院的领导上存在缺点有关。所以，检察机关要按照毛主席“关于正确处理人民内部矛盾的问题”的指示，检查自身存在的问题，批判旧法观点，改进自身工作。

3. 中缅边界问题报告。一届全国人大四次会议上，作为外交部部长的周恩来作了关于中缅边界问题的报告。在报告中他介绍了中缅边界问题的历史由来、重要意义和解决方案。报告阐明了这一问题具有复杂的历史根源，是帝国主义长期侵略政策所造成的，指出了中缅边界问题的特殊性，是我国在国际关系方面的一个重要问题，同时也是我国人民很关心的一个问题。审慎而合理地解决中缅边界问题，对于解决我国和其他邻国的边界问题具有重要的示范意义。它能够体现我国的和平外交政策。[1]

---

〔1〕 中华人民共和国第一届全国人民代表大会第四次会议秘书处编：《中华人民共和国第一届全国人民代表大会第四次会议汇刊》，人民出版社 1957 年版，第 203—208 页。

三、瘫痪时期的决策成果

因为在“文化大革命”中，全国人大常委会已经瘫痪，各项工作无法开展，所以这一时期的决策成果数量也非常之少。

决定性决策成果主要有两项：一是三届全国人大一次会议期间，常委会第三十三次会议决定第三届全国人民代表大会第二次会议改期召开。可惜这一改期再无下文，三届全国人大二次会议淹没于历史长河中，毫无痕迹。二是四届全国人大一次会议期间，常委会第二次会议讨论根据毛主席、党中央的指示国务院提出的《关于特赦释放全部在押战争罪犯的建议》，并通过决定。这一决定反映了战争的遗留问题仍然没有完全解决，也反映了毛主席对这一决策的直接影响。

宣示性决策成果主要是四届全国人大一次会议的政府工作报告。这是周恩来生前所作的最后一次政府工作报告。报告首先肯定了“文化大革命”的成绩。报告指出，从三届全国人大以来，我国各族人民政治生活中的头等大事，就是伟大领袖毛主席亲自发动和领导的无产阶级“文化大革命”。这场大革命，实质上是无产阶级反对资产阶级和一切剥削阶级的政治大革命。它摧毁了刘少奇、林彪两个资产阶级司令部，粉碎了他们复辟资本主义的阴谋。目前正在全国普遍开展的批林批孔运动，是这场大革命的继续和深入。报告还指出，我们党的第十次全国代表大会，再一次阐明了毛主席制定的党在整个社会主义历史阶段的基本路线和政策，进一步指明了无产阶级专政下继续革命的方向。我国各族人民要在毛主席为首的党中央领导下，更加紧密地团结起来，坚持党的基本路线和政策，努力实现十大提出的各项战斗任务，巩固和发展无产阶级“文化大革命”的胜利成果，争取社会主义革命和社会主义建设的新胜利。我们的首要任务，是继续普及、深入、持久地开展批林批孔运动。可见，此时的中央政策精神还是继续开展“文化大革命”。报告最后指出，在毛主席为首的党中央领导下，我国人民只用了二十多年的时间，就把一个贫穷落后的国家变成初步繁荣昌盛的社会主义国家。我们再用二十多年的时间，一定能够在本世纪内把我国建设成为社会主义的现代化强国。报告还描绘了美好的未来，揭示了中国未来发展的可能性。“文化大革命”结束后，改革开放四十多年的努力，事实上也都是在为这一目标而努力奋斗。所以，这一美好愿景并非是少数领导人的意志，而是全国各族人民的宏伟心愿。

四、恢复发展时期的决策成果

（一）决定性决策成果

1. 五届全国人大期间。五届全国人大一次会议期间，常委会第一次会议批准了《关于兵役制问题的决定》，通过了《关于省人民代表大会闭会期间省人民检察院检察长产生程序的决定》。第六次会议通过了 3 月 12 日为我国植树节的决议。五届全国人大二次会议，通过了《关于县级直接选举工作问题的决定》。在此期间，全国人大常委会根据最高人民法院、最高人民检察院的建议，决定 1979 年 12 月 31 日以前立案尚未判决的刑事案件，仍依照过去的有关刑事诉讼的政策、法规和办案程序办理；1980 年 1 月 1 日以后受理的刑事案件，应依照刑事诉讼法办理。如果案件过多，办案人员不足，在 1980 年内，可以由省、自治区、直辖市的人民代表大会常务委员会批准延长办案期限。五届全国人大三次会议期间，常委会通过了《关于死刑案件核准问题的决定》《关于处理逃跑或者重新犯罪的劳改犯和劳教人员的决定》《关于刑事案件办案期限问题的决定》。常委会根据最高人民检察院和最高人民法院的建议，通过了《关于成立最高人民检察院特别检察厅和最高人民法院特别法庭检察、审判林彪、江青反革命集团案主犯的决定》。此外，常委会还通过了《关于防止关停企业和停建缓建工程国家财产遭受损失的决议》；通过了国务院《关于开展全民义务植树运动的议案》，提请大会审议。常委会还于 1981 年 5 月 16 日决定授予宋庆龄副委员长中华人民共和国名誉主席的荣誉称号。五届全国人大四次会议期间，常委会根据广大人民群众的要求，及时作出了《关于严惩严重破坏经济的罪犯的决定》，规定犯罪分子凡在一个月以内投案自首的，可以得到从宽处理。决定公布后，受到全国人民的热烈拥护，对经济上犯有罪行的人震动很大。许多地方在经济上有严重违法犯罪活动的人纷纷投案自首，争取从宽处理。五届全国人大五次会议期间，常委会审议通过了《关于由对外经济贸易部行使原外国投资管理委员会的审批权的决定》和《关于地区和市合并后市人民代表大会提前换届问题的决定》。

2. 六届全国人大期间。六届全国人大一次会议期间，常委会审议通过了《关于严惩严重危害社会治安的犯罪分子的决定》和《关于迅速审判严重危害社会治安的犯罪分子的程序的决定》，对刑法和刑事诉讼法的一些条款进行了修改、补充。为了解决法律实施中的问题，常委会还通过了两个有关法律的实施问题的决定。一是《关于国家安全机关行使公安机关的侦查、拘留、预审和执行逮捕的职权的决定》，明确国家安全机关承担原由公安机关主管的间谍特务案件的侦查工作，是国家公安机关的性质，可以行使宪法和法律规定的公安机关对这一部分案件的侦查、拘留、预审和执行逮捕的职权。二是《关于县、乡两级人民代表大会代表选举时间的决定》，规定因为正在进行机构改革和政社分开，不能按照地方组织法的规定在1983年底以前进行选举的，可以由省、自治区、直辖市人大常委会决定，把选举推迟到1984年底以前进行。六届全国人大二次会议期间，通过了《关于在沿海港口城市设立海事法院的决定》。常委会第九次会议通过王大任等42位代表提出建立教师节的议案，决定9月10日为我国教师节，教科文卫委员会审议后认为建立教师节十分必要，经同教育部商议，由教育部报请国务院向全国人大常委会提出《关于建立教师节的议案》。六届全国人大四次会议期间，全国人大常委会作出了《关于加强法制教育维护安定团结的决定》和《关于县、乡两级人大代表换届选举时间的决定》。六届全国人大的五年期间，常委会经过认真审议，先后作出了50多项决议、决定，包括根据全国人大的授权审议批准国家财政年度决算以及设立国家监察部、确定教师节等。

3. 七届全国人大期间。七届全国人大一次会议期间，常委会第四次会议作出了《关于加强民主法制维护安定团结保障改革和建设顺利进行的决定》。七届全国人大二次会议期间，常委会第八次会议听取和审议了国务委员陈希同《关于制止动乱和平息反革命暴乱的情况报告》，并作出了决议；常委会第九次会议根据宪法和选举法的规定，决定县乡两级人民代表大会代表应在1990年年底以前进行换届选举。七届全国人大三次会议期间，为了加强社会主义精神文明建设，清除目前社会上出现的丑恶现象，促进社会稳定，常委会第十七次会议作出了《关于禁毒的决定和关于惩治走私、制作、贩卖、传播淫秽物品的犯罪分子的决定》。

七届全国人大四次、五次会议期间，常委会审议通过了《关于批准武汉、九江、芜湖港对外国籍船舶开放的决定》，先后通过了《关于加强社会治安综合治理的决定》《关于禁毒的决定》《关于惩治走私、制作、贩卖、传播淫秽物品的犯罪分子的决定》《关于严惩拐卖、绑架妇女、儿童的犯罪分子的决定》《关于严禁卖淫嫖娼的决定》。此外，全国人大常委会还作出了《关于严惩严重破坏经济的罪犯的决定》。这些决定有力维护了经济社会秩序，维护了社会的和谐稳定。

4. 八届到十届全国人大期间。八届至十届全国人大期间，全国人大常委会的重大事项决定权主要集中于一些程序性决策，如人大代表选举时间，会议召开时间，代表名额以及年度决算等，其他决策事项相对比较少。八届全国人大期间，常委会第十四次会议通过了《关于乡级人民代表大会代表选举时间的决定》和《关于批准1994年国家决算的决议》；第二十五次会议通过《关于省、自治区、直辖市人民代表大会代表名额的决定》；第二十六次会议通过了《关于批准全国人民代表大会香港特别行政区筹备委员会结束工作的建议的决定》《关于县级人民代表大会代表选举时间的决定》《关于批准1996年中央决算的决议》；第二十九次会议通过了《关于召开第九届全国人民代表大会第一次会议的决定》。属于例行决策的主要是第十九次会议通过了《关于继续开展法制宣传教育的决议》和第二十六次会议通过了《关于批准全国人民代表大会香港特别行政区筹备委员会结束工作的建议的决定》。

九届全国人大期间，常委会第三次会议通过了《关于批准1997年中央决算的决议》；第四次会议通过了《关于批准国务院增发今年国债和调整中央财政预算方案的决议》；第七次会议通过了《关于召开第九届全国人民代表大会第二次会议的决定》；

第十次会议通过了《关于批准1998年中央决算的决议》；第十一次会议通过了《关于批准增发国债和1999年中央财政预算调整方案的决议》；第十六次会议表决通过了《关于批准1999年中央决算的决议》；第十七次会议表决通过了《关于批准国务院增发长期建设国债和今年中央财政预算调整方案的决议》；第十九次会议表决通过了《关于召开第九届全国人民代表大会第四次会议的决定》；第二十二次会议通过了《关于批准2000年中央决算的决议》；第二十五次会议通过了《关于召开第九届全国人民代表大会第五次会议的决定》；第二十八次会议通过了《关于批准2001年中央决算的决议》；第三十一次会议通过了《关于召开第十届全国人民代表大会第一次会议的决定》。这些也都属于常规决策。不属于例行决策的主要是，第二十一次会议表决通过了《关于进一步开展法制宣传教育的决议》；第二十三次会议表决通过了《关于设立全民国防教育日的决定》。

十届全国人大期间，例行决策同样占据了主导性地位。常委会第二次会议表决通过了《关于批准2002年中央决算的决议》；第五次会议表决通过了《关于批准国务院〈关于规范处理1995年以前中央财政向人民银行借款问题的报告〉的决议》；第九次会议通过了《关于批准2003年中央决算的决议》；第十二次会议通过了《关于县、乡两级人民代表大会代表选举时间的决定》，通过了《关于批准国务院关于1998年特别国债付息问题的报告的决议》；第十六次会议通过了《关于批准2004年中央决算的决议》；全国人大常委会第二十二次会议表决通过了《关于批准2005年中央决算的决议》；第二十八次会议通过了全国人大常委会《关于批准2006年中央决算的决议》和《关于批准财政部发行特别国债购买外汇及调整2007年末国债余额限额的决议》。这一时期不是例行决策的只有一次，常委会在第二十一次会议表决通过了《关于加强法制宣传教育的决议》。事实上，八届全国人大常委会第十九次会议、九届全国人大常委会第二十一次会议，也做过类似的决议。从一定程度上说，法制宣传教育也成为例行决策。这一方面显示了它的重要性，另一方面也显示了这一工作的艰巨性。

5. 十一届全国人大期间。十一届全国人大期间，在决定性决策成果方面，根据现有资料，常委会总共有 7 次决议。其中至少有两次与法制宣传有关，一次是关于开展“六五”普法的决议，另一次是关于进一步加强法制宣传教育的决议。十一届全国人大一次会议通过的《关于国务院机构改革方案的决定》，十一届全国人大四次会议通过的《关于国民经济和社会发展第十二个五年规划纲要的决议》，以及十一届全国人大五次会议通过的《关于第十二届全国人民代表大会代表名额和选举问题的决定（草案）》《中华人民共和国香港特别行政区选举第十二届全国人民代表大会代表的办法（草案）》《中华人民共和国澳门特别行政区选举第十二届全国人民代表大会代表的办法（草案）》，都属于决定性决策成果。

（二）宣示性决策成果

总体上说，宣示性决策成果数量较少。主要是“一府两院”的工作报告和全国人大常委会的工作报告，其他方面的宣示性决策成果少之又少。主要是五届全国人大期间通过了《告台湾同胞书》。五届全国人大一次会议期间，为了实现台湾早日回归祖国，完成祖国统一的大业，常委会在第五次会议上，通过了《告台湾同胞书》。1979 年 1 月 1 日，常委会发表了《告台湾同胞书》。

1. 政府工作报告。五届全国人大期间，政府工作报告是否列入大会议程的情况变化较大。五届全国人大一次会议和二次会议有政府工作报告，三次会议可能因为总理人选发生了变化，所以没有作政府工作报告，四次会议国务院总理作当前的经济形势和今后经济建设的方针报告（副标题为政府工作报告），五次会议国务院总理作关于第六个五年计划的报告，所以也没有政府工作报告。因为五年计划的重要性，当五年计划纳入大会议程，它一般会取代政府工作报告的位置。此后的历届全国人大一般都是如此。六届全国人大、七届全国人大、八届全国人大和九届全国人大的第四次会议都因为五年计划而没有政府工作报告，其他历次会议都有政府工作报告。十届全国人大发生了新的变化。十届全国人大四次会议，既有听取和审议国务院总理温家宝关于政府工作的报告，也有审查和批准《国民经济和社会发展第十一个五年规划纲要》。这可能显示了一种新的趋势，即五年计划不再取代政府工作报告，二者可以同时纳入大会议程。

2. 常委会工作报告。五届全国人大期间，全国人大一次会议可能因为换届选举，没有工作报告，全国人大二次、三次和四次会议都有常委会工作报告，五次会议可能因为议程太多，常委会工作报告以书面报告的形式出现。此后的六届至十届全国人大期间，历次会议都有全国人大常委会工作报告。

3. “两高”报告。五届全国人大期间，最高人民法院和最高人民检察院工作报告的议程有一定的变化。五届全国人大一次会议可能因为换届选举，没有“两高”报告。此后的四次全国人大会议都有“两高”报告，但是三次会议和五次会议的“两高”报告都以书面的形式出现，可能因为议程安排的原因，也可能存在其他方面的原因。六届全国人大至十届全国人大期间，“两高”报告已经成为固定不变的例行议程，每次会议都有。总体上说，五届全国人大期间，“一府两院”的工作报告和全国人大常委会的工作报告是否列入大会议程，存在着一定的变动性。这可能反映了当时的时代特征。这是一个过渡的时期。六届全国人大以后，这些报告作为大会议程都相对固定。这在一定程度上反映了当代中国的政治过程已经走上了稳定化、规范化的道路。

十一届全国人大期间，听取和审议“一府两院”的报告和常委会工作报告都是例行的议程。此外，年度经济与社会发展计划报告以及年度预算及上一年度预算执行情况的报告也都是例行的决策议程。

五、新时代的决策成果

（一）十二届全国人大期间的决策成果

1. 决定性决策成果。十二届全国人大期间，常委会总共作出了7件决议以及9个决定。7件决议中有一个就是《关于调整完善生育政策的决议》，这是根据形势发展的需要对我国生育政策作出的进一步调整。9个决定包括关于香港特别行政区行政长官普选问题和2016年立法会产生办法的决定；关于授权最高人民法院、最高人民检察院在部分地区开展刑事案件速裁程序试点工作的决定；关于在北京、上海、广州设立知识产权法院的决定；关于授权国务院在广东、天津、福建3个新设自由贸易试验区以及上海自由贸易试验区扩展区域暂时调整有关法律规定的行政审批的决定；关于授权国务院在北京市大兴区等33个试点县（市、区）行政区域暂时调整实施有关法律规定的决定；关于设立国家宪法日的决定；关于设立烈士纪念日的决定；全国人民代表大会常务委员会关于实行宪法宣誓制度的决定以及关于特赦部分服刑罪犯的决定。这些都是具有重大决策性质的成果。[1] 十二届全国人大一次会议《关于国务院机构改革和职能转变方案的决定》，十二届全国人大四次会议《关于国民经济和社会发展第十三个五年规划纲要的决议》，十二届全国人大五次会议《关于第十三届全国人民代表大会代表名额和选举问题的决定》《中华人民共和国香港特别行政区选举第十三届全国人民代表大会代表的办法》《中华人民共和国澳门特别行政区选举第十三届全国人民代表大会代表的办法》也都是十二届全国人民代表大会会议的决策成果。

2. 宣示性决策成果。十二届全国人大期间，听取和审议政府工作报告、全国人民代表大会常务委员会工作报告、最高人民法院工作报告和最高人民检察院工作报告都是大会例行的议程，国民经济和社会发展年度计划以及上一年度预算执行情况以及本年度预算也都是大会例行的决策议程。

（二）十三届全国人大期间的决策成果

1. 决定性决策成果。十三届全国人大期间，常委会共作出 4 项决议和 2 项决定。一个决议是《关于全面加强生态环境保护、依法推动打好污染防治攻坚战的决议》，有利于深化环保治理工作，推进绿色生态发展；还有两个决议都与普法有关，一个是“七五”普法决议，一个是《关于开展第八个五年法治宣传教育的决议》。普法工作是经常出现的议题，可见这一工作的重要性。两项决定是《关于授予国家勋章和国家荣誉称号的决定》《关于对部分服刑罪犯予以特赦的决定》，一个体现对国家建设有功之人的表彰与肯定，一个体现国家的包容性发展，对部分有罪之

---

〔1〕 有些也具有一定的立法性质。所以，一方面可以体现重大事项决定权的运作，另一方面也可以体现立法权的运作。这里不作严格区分。

人的宽大为怀，给予重新做人的机会。十三届全国人大也有一些决定性决策成果，一次会议通过《关于批准国务院机构改革方案的决定》；四次会议通过《关于国民经济和社会发展第十四个五年规划和2035年远景目标纲要的决议》；五次会议通过《关于第十四届全国人民代表大会代表名额和选举问题的决定》《中华人民共和国香港特别行政区选举第十四届全国人民代表大会代表的办法》《中华人民共和国澳门特别行政区选举第十四届全国人民代表大会代表的办法草案》，这些都是重要的例行决策成果。

2. 宣示性决策成果。十三届全国人大期间，除了一次性议程，大部分议程都是例行议程。政府工作报告、全国人民代表大会常务委员会工作报告、最高人民法院工作报告和最高人民检察院工作报告都是大会例行的议程，国民经济和社会发展年度计划以及上一年度预算执行情况以及本年度预算也都是大会例行的决策议程。一年又一年，一届又一届，议题都是相似的，政治行为也都是相似的。这些体现了中国政治步入了常规的轨道，按照一定的规则在运转，很多政治行为都是可以预测的。这也是政治行为规范化、法治化的体现。

第三节　组织人事成果

组织人事成果，从内容上看，要么是组织体系的调整与变更，要么是人事的更迭与变迁。由此，可以将组织人事成果分为两大类型：组织体系成果和人事任免成果。组织人事成果往往是全国人大及其常委会行使重大事项决定权或人事任免权的结果。历届全国人大会议的组织人事成果在数量上还是比较丰富的。这些成果对于新中国政权组织的维持与发展起到了十分重要的作用。可以说，没有这些政治成果，也就没有政权组织的维持与发展。

一、初步发展时期的组织人事成果

（一）组织体系成果

组织体系的大部分成果都是与国务院组织机构相关的。一届全国人大一次会议期间，常委会第一次会议通过了常委会办公厅的组织机构设置。常委会第二次会议和第十一次会议根据国务院总理的提请，先后批准国务院设立22个直属机构，而且第十一次会议根据国务院总理的提请，还决定设立了第三机械工业部。

一届全国人大二次会议期间，根据国务院总理周恩来的提请，常委会第三十一次会议批准国务院设立国家测绘总局；第四十次会议决定撤销重工业部，第三机械工业部，地方工业部；决定设立国家经济委员会，国家技术委员会，冶金工业部，化学工业部，建筑材料工业部，电机制造工业部，食品工业部，水产部，农垦部，森林工业部，城市建设部，城市服务部；批准国务院撤销城市建设总局，设立物资供应总局和专家局，并将原专家工作局改名为外国专家局。

一届全国人大三次会议期间，常委会第五十一次会议根据国务院总理周恩来的提请，决定撤销中华人民共和国农产品采购部；决定设立中华人民共和国第三机械工业部。第六十八次会议批准国务院撤销出国工人管理局。

（二）人事任免成果

1. 一届全国人大一次会议，选举产生了中华人民共和国主席、副主席，全国人民代表大会常务委员会委员长、副委员长、秘书长、委员，最高人民法院院长，最高人民检察院检察长；决定了国务院总理、国务院副总理、各部部长、各委员会主任、秘书长、国防委员会副主席、委员，代表资格审查委员会和提案审查委员会的主任委员和委员以及民族委员会、法案委员会和预算委员会的主任委员和委员。一次会议期间的九个多月，常委会共召开了 19 次会议，通过国家工作人员任免案 330 起。常委会通过的国家工作人员任免案中，经常委会决定由中华人民共和国主席任命的 21 起，经常委会决定由中华人民共和国主席免职的 5 起，经常委会任命的 106 起，经常委会批准任命的 170 起，经常委会批准免职的 28 起。

2. 一届全国人大二次会议，补选了全国人大常委会委员，决定了提案审查委员会的主任委员和委员，还决定了国务院一些部长的任免事项。二次会议期间的十个多月中，常委会通过的国家工作人员任免案中，经常委会决定由中华人民共和国主席任命的 23 起，经常委会决定由中华人民共和国主席免职的 12 起，经常委会任命的 32 起，经常委会免职的 1 起，经常委会批准任命的 299 起，经常委会批准免职的 12 起。

3. 一届全国人大三次会议，补选全国人大常委会委员、补选民族委员会委员、补选提案审查委员会的主任委员和委员。三次会议期间的一年里，常委会共召开了 35 次会议，通过决议案 37 项，听取国务院、最高人民法院、最高人民检察院工作报告共 19 次，通过任免案 608 起。在任免国家工作人员方面，经常委会决定由中华人民共和国主席任命的 16 起，经常委会决定由中华人民共和国主席免职的6起，经常委会任命的18起，经常委会免职的1起，经常委会批准任命的511起，经常委会批准免职的56起。

二、受挫时期的组织人事成果

（一）组织体系成果

一届全国人大四次会议期间，常委会没有进行组织机构的调整。五次会议期间，常委会第九十五次会议批准国务院将国家计量局改为国家技术委员会的会属局，将物资供应总局改为国家经济委员会的会属局，将中央手工业管理局改为轻工业部的部属局，将中国民用航空局改为交通部的部属局。第一百零一次会议决定将第一商业部和第二商业部合并为商业部。第一百零二次会议决定设立国家基本建设委员会；决定将国家技术委员会和科学规划委员会合并为科学技术委员会。此外，还有一些有关人大和司法机关的组织体系成果。第九十七次会议批准最高人民法院在西藏设立最高人民法院西藏分院、最高人民检察院在西藏设立最高人民检察院西藏分院。

二届全国人大一次会议期间，常委会第四次会议批准国务院撤销国务院直属机构法制局、人事局、专家局、中央机要交通局。第五次会议决定设立中华人民共和国农业机械部；在第十二次会议上，批准国务院设立对外经济联络总局。二届全国人大二次会议期间，常委会第二十九次会议决定设立中华人民共和国第三机械工业部；第三十五次会议决定撤销中华人民共和国国家基本建设委员会，其业务合并到中华人民共和国国家计划委员会；第四十三次会议批准国务院设立中央手工业管理总局。二届全国人大三次会议期间，在国家机构方面，常委会第五十三次会议批准国务院将交通部所属中国民用航空局改为国务院直属局，并改名为中国民用航空总局；第五十五次会议批准国务院设立国家房产管理局；第九十七次会议决定设立中华人民共和国第四机械工业部；批准国务院设立国家物资管理总局、外文出版发行军事业局、全国物价委员会和国家编制委员会；第一百零二次会议决定设立中华人民共和国第五机械工业部和中华人民共和国第六机械工业部；第一百零六次会议批准国务院设立中国农业银行。二届全国人大四次会议期间，在国家机构方面，常委会第一百一十九次会议决定设立中华人民共和国对外经济联络委员会，批准国务院撤销对外经济联络总局；第一百二十四次会议决定将中华人民共和国教育部分为中华人民共和国高等教育部和中华人民共和国教育部；批准国务院设立国家海洋局、中国旅行游览事业管理局和国务院科学技术干部局；第一百二十九次会议决定设立中华人民共和国物资管理部，批准国务院撤销国家物资管理总局。

三届全国人大一次会议期间，常委会第三次会议决定设立第二轻工业部，第五次会议决定设立国家基本建设委员会；将建筑工程部分为建筑工程部和建筑材料工业部；第十九次会议批准撤销最高人民法院西藏分院和最高人民检察院西藏分院。

（二）人事任免成果

一届全国人大四次会议，补选全国人大常委会委员，通过提案审查委员会的主任委员和委员人选。一届全国人大四次会议期间的半年里，常委会共召开了16次会议，通过任免案190起。在任免国家工作人员方面，经常委会决定由中华人民共和国主席任命的7起，经常委会决定由中华人民共和国主席免职的6起，经常委会任命的14起，经常委会批准任命的142起，经常委会批准免职的21起。此外，常委会在第九十二次会议上同意第一届全国人民代表大会代表资格审查委员会提出的关于右派分子章乃器等38人的代表资格问题的审查意见，并且委托代表资格审查委员会一并向第一届全国人民代表大会第五次会议提出建议；第九十三次会议根据国务院总理周恩来提出的议案，通过了《关于撤销右派分子章乃器、章伯钧、罗隆基部长职务的决定》。常委会第九十三次会议通过了向第一届全国人民代表大会第五次会议提出的建议：罢免右派分子黄绍竑、龙云、陈铭枢全国人大常委会委员的职务，罢免右派分子费孝通、黄现璠、欧百川全国人民代表大会民族委员会委员的职务，罢免右派分子张云川、陈铭枢、黄绍竑、黄琪翔、谢雪红、罗隆基全国人民代表大会法案委员会委员的职务，罢免右派分子龙云国防委员会副主席的职务，罢免右派分子黄琪翔国防委员会委员的职务。

一届全国人大五次会议，补选全国人大常委会副委员长和委员，补选民族委员会委员，补选法案委员会委员，补选预算委员会委员。决定国务院若干组成人员的任免，决定中国科学院院长、副院长的人选，通过提案审查委员会主任委员和委员人选。五次会议期间的一年多时间，常委会共召开了17次会议，通过任免案324起。在任免国家工作人员方面，经常委会决定由中华人民共和国主席任命的18起，经常委会决定由中华人民共和国主席免职的14起，经常委会任命的18起，经常委会免职的19起，经常委会撤职的1起，经常委会批准任命的146起，经常委会批准免职的106起，经常委会批准撤职的2起。此外，因为是右派分子，经常委会撤销职务的17起，批准撤销职务的20起。

二届全国人大一次会议期间，在任免国家工作人员方面，经常委会决定由中华人民共和国主席任命的9起，经常委会决定由中华人民共和国主席免职的 7 起，经常委会任命的 18 起，经常委会免职的 7 起，经常委会撤职的 2 起，经常委会批准任命的 52 起，经常委会批准免职的 59 起。二届全国人大二次会议期间，在任免国家工作人员方面，经常委会决定由中华人民共和国主席任命的 23 起，经常委会决定由中华人民共和国主席免职的 15 起，经常委会任命的 5 起，经常委会免职的 4 起，经常委会批准任命的 127 起，经常委会批准免职的 88 起，经常委会批准撤职的 6 起。二届全国人大三次会议期间，在任免国家工作人员方面，经常委会决定由中华人民共和国主席任命的 17 起，经常委会决定由中华人民共和国主席免职的 11 起，经常委会任命的 22 起，经常委会免职的 22 起，经常委会批准任命的 210 起，经常委会批准免职的 112 起。二届全国人大四次会议期间，在任免国家工作人员方面，经常委会决定由中华人民共和国主席任命的 28 起，免职的 18 起，经常委会任命的 33 起，免职的 5 起，经常委会批准任命的 9 起，批准免职的 8 起。

三届全国人大一次会议期间，常委会在 33 次会议中间的大部分会议都通过了人事任免事项。常委会第二次会议通过任命名单，第三次会议、第五次会议、第七次会议、第十一次会议、第十三次会议、第十五次会议、第十六次会议、第二十八次会议都通过了任免名单，第十九次会议、第二十二次会议、第三十三次会议也都通过了任免事项。由于统计资料不详，没办法获取任免的具体数据，但是这些会议都涉及了人事任免事项是毫无疑问的。

三、瘫痪时期的组织人事成果

这一时期的组织人事成果相对比较少。全国人大及其常委会会议通过的组织体系变更基本上没有，只有少量的人事任免。首先四届全国人大一次会议进行了选举和人事任免。这次会议选举产生了全国人大常委会委员长、副委员长、委员，决定了国务院总理人选，通过了国务院副总理、各部部长、各委员会主任人选，实现了国家领导人的部分换届。其次，全国人大常委会的几次会议大都有人事任免事项。三届全国人大常委会第三十三次会议通过了任免事项。四届全国人大常委会第一次会议通过了任命事项，任命了最高人民法院院长和人大常委会秘书长；第二次会议任命了第四届全国人大常委会副秘书长，还任免了驻外大使；第三次会议通过邓颖超同志为第四届全国人大常委会副委员长的决议，还任命了外交部部长，任免了驻外大使；第四次会议也任免了驻外大使。所以，这一时期的人事任免较多地集中于外交领域。

四、恢复发展时期的组织人事成果

（一）组织体系成果

五届全国人大一次会议期间，常委会第六次会议批准设立全国人大常委会法制委员会及国家农业委员会、林业部、农业机械部。将农林部改名为农业部，将水利电力部分设为电力工业部、水利部。第七次会议批准设立建筑材料工业部。在第八次会议上，批准设立国务院秘书长、农垦部、粮食部。五届全国人大二次会议期间，全国人大常委会根据国务院总理华国锋的提议，决定设立国务院财政经济委员会、国务院机械工业委员会、外国投资管理委员会、进出口管理委员会、国家能源委员会、第八机械工业部、司法部、地质部等。五届全国人大三次会议期间，常委会还决定了国务院一些机构的设置或者撤销，任免了国家工作人员。五届全国人大三次会议以后，可能因为报告统计方法的原因，没有具体数据，也可能因为机构管理的规范化，变动开始减少。

五届全国人大的后两次会议没有组织体系变动，六届全国人大一次和二次会议也是如此。六届全国人大三次会议期间，常委会第十五次会议又决定新设立6个对外双边友好小组。六届全国人大四次会议期间，常委会审议通过了国务院设立监察部的议案，认为恢复并确立行政监察制度是按照宪法规定完善国家体制、健全社会主义法制的一项重要措施。

七届全国人大一次会议设立了全国人大代表接待室。此后的全国人大常委会工作报告中鲜有组织体系变更的记录。这从一定程度上可以反映政府组织体系经过多年的发展已经较为完善，所以可能保持相对的稳定性。只有在需要改革的时候才进行总体的规划改革。而零敲碎打的组织机构变动逐渐减少或消失了。

十一届全国人大一次会议通过了国务院机构改革方案，部署了新一轮国务院机构改革。这次改革的特点是探索建立“大部门体制”，简称“大部制”，具体思路就是：“合理配置宏观调控部门职能，加强能源环境管理机构，整合完善工业和信息化、交通运输行业管理体制，以改善民生为重点加强与整合社会管理和公共服务部门”。[1]

（二）人事任免成果

五届全国人大一次会议期间，在任免国家工作人员方面，根据国务院总理的提议，经常委会决定任命的国务院副总理、部

〔1〕 全国人民代表大会常务委员会办公厅编：《中华人民共和国第十一届全国人民代表大会第一次会议文件汇编》，人民出版社2008年版，第146页。

长、委员会主任、秘书长和驻外大使共74起，免职的55起。常委会任命的全国人大常委会副秘书长，法制委员会主任、副主任和委员，最高人民法院副院长，最高人民检察院副检察长共96起。五届全国人大二次会议期间，全国人大常委会根据国务院总理华国锋的提议，为了加强国务院的领导，任命万里、姬鹏飞等人为国务院副总理；免去纪登奎、陈锡联国务院副总理的职务。接受了吴德辞去副委员长职务的请求，请五届全国人民代表大会三次会议追认。通过了增加法制委员会副主任、委员。此外，还依法任免了一批国务院部、委的负责工作人员和驻外大使，以及司法机关的检察人员、审判人员。五届全国人大三次会议期间，常委会也任免了一些国家工作人员。五届全国人大四次会议期间，一年来常委会依法任免了一批国家工作人员，使国务院及其所属机构较好地实现了新老干部的合作和交替。五届全国人大五次会议期间，也进行了若干起人事任免。

五届全国人大以后的全国人大常委会工作报告中对人事任免的情况没有进行具体统计，语焉不详，所以也无法给出具体的资料。事实上，从此后的全国人大常委会会议议程中可以看出，人事任免事项一直存在，只是全国人大常委会工作报告不再进行详细统计。局部的人大机关、政府、司法机关等的人事调整一直持续地进行着。这也是组织体系保持适应性和持续更新的需要。

直到十一届全国人大之时的情况也是类似的。从人大常委会的工作报告中，只能看到一些模糊的线索。十一届全国人大一次会议到五次会议期间，都会有相关的议题，都会决定和批准任免一批国家机关工作人员。至于具体的数字则没有明确给出来。这些都是人事任免成果。从大会方面来看，十一届全国人大一次会议选举产生了第十一届全国人大常委会委员长、副委员长、秘书长、委员，中华人民共和国主席、副主席，中华人民共和国中央军事委员会主席，最高人民法院院长和最高人民检察院检察长，决定国务院总理的人选，中华人民共和国中央军事委员会副主席、委员的人选，国务院副总理、国务委员、各部部长、各委员会主任、中国人民银行行长、审计长、秘书长的人选以及第十一届全国人民代表大会各专门委员会的设立及其组成人员的人选。这是每一届全国人大一次会议都要履行的使命。

五、新时代的组织人事成果

（一）十二届全国人大期间的组织人事成果

1. 组织体系成果。十二届全国人大一次会议通过了《国务院机构改革和职能转变方案》，部署了国务院机构改革工作。改革的重点是，“紧紧围绕转变职能和理顺职责关系，稳步推进大部门制改革，实行铁路政企分开，整合加强卫生和计划生育、食品药品、新闻出版和广播电影电视、海洋、能源管理机构”。具体来说，就是实行铁路政企分开，完善综合交通运输体系，组建国家卫生和计划生育委员会、国家食品药品监督管理总局，重新组建国家海洋局、国家能源局。通过这次改革，“国务院正部级机构减少 4 个，其中组成部门减少 2 个，副部级机构增减相抵数量不变。改革后，除国务院办公厅外，国务院设置组成部门 25 个”[1]。

2. 人事任免成果。人事任免成果方面，和以往一样，十二届全国人大历次会议期间，常委会都决定和批准任免一批国家机关

〔1〕 全国人民代表大会常务委员会办公厅编：《中华人民共和国第十二届全国人民代表大会第一次会议文件汇编》，人民出版社 2013 年版，第 214—219 页。

工作人员。从大会方面来看，十二届全国人大一次会议选举产生了第十二届全国人大常委会委员长、副委员长、秘书长、委员，中华人民共和国主席、副主席，中华人民共和国中央军事委员会主席，最高人民法院院长和最高人民检察院检察长，决定国务院总理的人选，中华人民共和国中央军事委员会副主席、委员的人选，国务院副总理、国务委员、各部部长、各委员会主任、中国人民银行行长、审计长、秘书长的人选以及第十二届全国人民代表大会各专门委员会的设立及其组成人员的人选。这是和十一届全国人大一次会议一致的。

（二）十三届全国人大期间的组织人事成果

1. 组织体系成果。十三届全国人大一次会议通过了《国务院机构改革方案》，部署了新中国成立以来力度最大的一次党政机构改革。这次改革的突出特点是“以加强党的全面领导为统领，以国家治理体系和治理能力现代化为导向，以推进党和国家机构职能优化协同高效为着力点，改革机构设置，优化职能配置，深化转职能、转方式、转作风，提高效率效能”。这次改革组建或重新组建了国家市场监督管理总局及国家药品监督管理局、国家广播电视总局、中国银行保险监督管理委员会、国家国际发展合作署、国家医疗保障局、国家粮食和物资储备局、国家移民管理局、国家林业和草原局、国家知识产权局等。改革后，国务院正部级机构减少 8 个，副部级机构减少 7 个。[1] 这是一次系统深入推进的大部制改革，将对我国的党政领导体制产生深远的影响。当然，更为重要的是，此次会议通过宪法修正案，增设了监察委员会。这意味着新的国家监察机关体系正式全面确立。

---

〔1〕 全国人民代表大会常务委员会办公厅编：《中华人民共和国第十三届全国人民代表大会第一次会议文件汇编》，人民出版社 2018 年版，第 360—375 页。

我国监察体制改革也掀开了新的一页。

2. 人事任免成果。十三届全国人大期间，人事任免工作仍会继续开展。十三届全国人大二次会议期间，审议通过 38 个任免案，依法任免国家机关工作人员 282 人次；十三届全国人大三次会议期间，审议通过 39 个任免案，依法任免国家工作人员 259 人次。十三届全国人大五次会议期间，依法任免国家机关工作人员 393 人次。这三次会议给出了具体的统计数据。其他两次会议尽管没有明确数据，一般来说，人事任免工作仍然是必不可少的。

后记

本书是在前期研究成果的基础上编写而成，分四章讲明谁可以开会、按照什么样的规则开会、开会的实际过程是怎样的、开会后会产生什么样的政治结果。其中第二章由蔡金花负责编写，第三章由隋斌斌负责编写，其他章节由陈家刚负责编写。

本书在编写过程中，能够参阅的资料相对较少，同时，限于时间和能力，本书的疏漏在所难免，还请广大读者批评指正。另外，感谢在本书撰写过程中鼎力支持的杨积堂教授、周小华编审，感谢尽职尽责、耐心细致的编辑张霞老师以及为本书提出细致修改意见的审读专家。

丛书后记

我国的人民代表大会制度，是中国共产党领导人民在长期革命斗争中创造的一种新的政权组织形式。1949 年 9 月 29 日，中国人民政治协商会议第一届全体会议通过的《中国人民政治协商会议共同纲领》提出：“中华人民共和国的国家政权属于人民。人民行使国家政权的机关为各级人民代表大会和各级人民政府。”人民代表大会制度由此确定。1949 年至 1954 年 8 月，从中国人民政治协商会议和地方各界人民代表会议向各级人民代表大会过渡。1954 年 9 月，第一届全国人民代表大会第一次会议召开，我国人民代表大会制度建立。至今，人民代表大会制度走过了 70 年，回顾这 70 年历程，从 1954 年到 1966 年人民代表大会制度全面确立并曲折发展；“文化大革命”的 10 年，人民代表大会制度遭受严重破坏；从粉碎“四人帮”特别是党的十一届三中全会开始，人民代表大会制度得到恢复和进一步健全，人大工作取得重大进展。党的十八大以来，我们党立足新的历史方位，深刻把握我国社会主要矛盾发生的新变化，积极回应人民群众对民主法治的新要求新期盼，着力推进国家治理体系和治理能力现代化，健全人民当家作主制度体系，加强基层政权建设，改进人大代表工作，人大工作取得历史性成就，人民代表大会制度更加成熟、更加定型。

《中国特色社会主义根本政治制度——人民代表大会制度纪实》丛书，则是尽可能通过整理历史文献的方式，记录和展现人民代表大会制度确立、曲折发展、不断健全、逐步成熟、完善定型的制度发展和人大工作全貌。项目实施过程，是回顾中国特色社会主义根本政治制度逐渐完善的过程，是汇集70年来历代人大工作者工作成就和艰辛探索的过程。同时，也是编写团队记录、整理、学习，以及勤奋耕耘的过程。该丛书具体构成和分工如下：

《人民代表大会制度引论》，万其刚著；《人民代表大会制度发展历程》，万其刚著；《人大选举制度和任免制度》，徐丛华著；《人大立法制度》，主编：张生，副主编：刘舟祺、邹亚莎、罗冠男；《人大代表工作制度》，章林、李跃乾、刘福军、王仰飞编著；《人大讨论决定重大事项制度》，任佩文、吴克非、王亚楠编著；《人大监督制度》，吉卫国著；《人大会议制度》，陈家刚、蔡金花、隋斌斌著；《人大对外交往工作》，王柱国、陈佳美思、庞明、刘亚宁编著；《人大自身建设》，唐亮、万恒易、梁明编著；《人大选举和任免工作纪实》，主编：任佩文，副主编：王亚楠；《人大代表工作纪实》，主编：任佩文，副主编：吴克非；《人大会议工作纪实（目录)》，主编：李正斌，副主编：高蔼；《人大立法工作纪实（目录)》，主编：曾庆辉，副主编：邱晶；《人大监督工作纪实（目录)》，主编：曾庆辉，副主编：邱晶。

上述作者分别来自全国人大、北京市人大、安徽省人大、兰州市人大、人民代表报、中国社会科学院法学所、北京联合大学、西安交通大学、西北师范大学、江西师范大学、中共广东省委党校等单位，既有一直从事人大制度研究的学者，也有长期从事人大工作的实务工作者。

限于出版篇幅，丛书暂未收录地方人大相关文献；同时，适应出版新形态的需要，部分工作纪实将目录纸质出版，具体内容同步以数据库方式出版。参与数据库编纂工作的人员有杨积堂、周小华、王维国、崔英楠、曾庆辉、邱晶、李正斌、高嚣、王柱国、陈佳美思、庞明、刘亚宁、任佩文、吴克非、王亚楠、刘宇、周悦、曹倩、赵树荣、姜素兰、王岩、魏启秀、沙作金、马磊、张新勇、李少军、喻思敏、钟志龙、王婷、邱纪贤、钮红然、祝蓉、陈敏、杨世禹、常晓璐、周义、王乔松、梅润生、杨娇、周鹏、李俊、杨蕙铭、徐博智、于淼、陈东红、冯兆惠、石亚楠等同志。丛书由杨积堂和吴高盛担任执行总主编并负责统稿。

“中国特色社会主义根本政治制度——人民代表大会制度纪实”是所有参与人员努力协作的成果，由于时间跨度大，内容交叉多，为了尽可能反映 70 年来人大工作的全貌，各部分作者之间反复进行沟通、协调，力求内容准确全面，同时尽可能避免重复。在编写过程中，每一位作者、编辑都倾尽全力，以高度的责任感和使命感投入工作，翻阅了大量文献资料，进行了深入研究与探讨。虽然我们已竭尽全力，但深知丛书一定存在不足之处，我们期待着读者的反馈与建议，以便在未来不断改进和完善。

在丛书即将出版之际，我们要特别感谢全国人大图书馆为文献查阅提供的帮助和支持，感谢北京联合大学人民代表大会制度研究所从选题策划到最终编写全过程给予的大力支持。中国民主法制出版社刘海涛社长、贾兵伟副总经理带领团队，对丛书编写、审读、编辑、出版的每一个环节给予严谨的指导和热忱的帮助，责任编辑张霞、负责数据库开发的翟锦严谨、敬业，在此一并表达敬意和感谢。

习近平总书记强调："人民代表大会制度，坚持中国共产党领导，坚持马克思主义国家学说的基本原则，适应人民民主专政的国体，有效保证国家沿着社会主义道路前进。人民代表大会制度，坚持国家一切权力属于人民，最大限度保障人民当家作主，把党的领导、人民当家作主、依法治国有机统一起来，有效保证国家治理跳出治乱兴衰的历史周期率。人民代表大会制度，正确处理事关国家前途命运的一系列重大政治关系，实现国家统一高效组织各项事业，维护国家统一和民族团结，有效保证国家政治生活既充满活力又安定有序。"值此全国人民代表大会成立 70 周年之际，我们希望这套丛书能够为人民代表大会制度研究和实务工作的更好开展尽绵薄之力，把国家根本政治制度坚持好、完善好、运行好、宣传好，努力开创人大工作新局面。

编　者